JN189263

監視社会と公文書管理

森友問題とスノーデン・ショックを超えて

弁護士
前公文書管理委員会委員
三宅 弘
MIYAKE Hiroshi

花伝社

監視社会と公文書管理——森友問題とスノーデン・ショックを超えて◆目次

はじめに　7

第1章　監視社会と個人情報の管理・情報非公開　11

はじめに

本書は、2013年に元NSA（アメリカ国家安全保障局）局員エドワード・スノーデン氏により世界中の通信がアメリカ政府によって傍受、利用されていたことが暴露された、いわゆるスノーデン・ショックと、2016年に財務省が国有財産を学校法人に売却した際の交渉記録を2017年2月から4月にかけて違法に廃棄すると同時に決裁文書から政治家や総理夫人にかかる記載を削除して大幅に改竄（以下「改ざん」）した、公文書管理法違反のいわゆる森友公文書問題を主な素材として、スノーデン・ショックと森友問題を超えるために、現代日本の監視社会と公文書管理の現状と課題を市民に提起するものです。

公文書管理を要請する情報公開制度は、1982年に山形県金山町や神奈川県において情報公開条例が制定されたことをはじめとして、1999年に「行政機関の保有する情報の公開に関する法律」（「行政機関情報公開法」又は「情報公開法」）として制度化されました。ところが、情報公開法が2001年に施行されると、政府の府省庁では不開示情報（情報公開法5条）で不開示とするために公文書を国立公文書館に移管しないで、独自の判断で廃棄する傾向が生まれました。そのため小泉政権の福田康夫内閣官房長官主宰の「公文書の適切な管理、保存及び利用に関する懇談会」が公文書管理法の制定を提言し、その後、福田康夫内閣総理大臣の時に法制定が具体化し、与野党の共同修正のうえで、同総理退任後の2009年7月に「公文書の管理に関する法律」（「公文書管理法」）が制定されました。

一方、1999年から内閣府・高度情報通信社会推進本部個人情報保護検討部会において、民間部門を含む個人情報保護制度の確立が提言されて、2003年に「個人情報の保護に関する法律」（「個人情報保護法」）と「行政機関の保有する個人情報の保護に関する法律」（「行政機関個人情報保護法」）が制定されました。そして、情報公開と個人情報保護との調整として、プライバシー権の積極的側面としての自己情報コントロール権の保障の観点から、両法にそれぞれ、本人情報開示請求権・訂正請求権・利用停止請求権等が規定されました。

本書は、監視社会化に抗するために、情報公開法、公文書管理法、さらには2015年の個人情報保護法改正によって権利性が明確になった本人情報開示請求権等の解釈適用のあり方と立法的課題を提示し、さらにこれらを束ねる「知る権利」を保障する情報自由基本法構想と、特定秘密保護法、共謀罪法、GPS任意捜査違憲最高裁判決等、情報法制の周辺の法的諸制度をもって、プライバシーの保護と表現の自由の保障をより一層確実なものとするためのあるべき社会像を提案するものです。

時代は、2012年12月の衆議院解散による情報公開法改正案の廃案を分水嶺として、特定秘密保護法、集団的自衛権行使容認の閣議決定、安全保障法制、改正組織犯罪処罰法による共謀罪と、次々に採決強行等がなされ、「開かれた政府」とは異なる潮流にあります。

これに対し、本書においては、1981年以来、情報公開法、公文書管理法、個人情報保護法のすべての立法と解釈運用に法律実務家としてかかわってきた立場から、これらを鳥瞰したうえで、具体的には、以下のⅠ、Ⅱについて、それぞれ、現状での解釈運用上のすすめと立法的論点などから論じることとしました。

Ⅰ　現代監視社会におけるプライバシー権保障の充実については、①インターネット上のデータ監視の禁止、②GPS捜査などの強制捜査の法令による規制、③通信傍受拡大の抑制と会話傍受法制化の阻止、④「共謀罪」規定の廃止ないし抜本的見直しと運用監視、⑤情報機関の監督、⑥マイナンバーによる一元管理の規制を。

Ⅱ　知る権利の保障の充実のための情報公開の促進と権力監視の仕組みの強化については、①情報自由基本法（仮称）の制定、②情報公開法改正、③公文書管理法の改正と運用改善、④秘密保護法の廃止を含めた抜本的見直し、⑤スノーデン氏のような内部告発者を保護する公益通報者保護制度の確定、⑥グローバル・ジャーナリズムによる権力監視とその活動の促進について。

本書が、現代日本において、民主主義をより一層発展させるために監視社会化に抗するプライバシー・個人情報保護と情報公開・公文書管理の制度化に役立つことを願います。

第1章　監視社会と個人情報の管理・情報非公開

1　スノーデン・ショックと公文書の非公開・不存在

２０１３年6月、元ＮＳＡ（アメリカ国家安全保障局）局員エドワード・スノーデン氏が米国による国家ぐるみの大量情報監視の実態を内部告発し、世界中を震撼させました。いわゆるスノーデン・ショックと呼ばれる事件です。２００１年9月11日のアメリカ同時多発テロ事件以降、テロ防止の名の下に、アメリカ政府はインターネット・電話回線を通じた大規模な監視体制を構築していました。さらには米国内にとどまらず、日本を含む全世界で、テロリストだけではなく一般市民すべてを対象として、1か月に９７０億件ものインターネット・電話回線を通じた通信を収集・分析していたのです。そしてマイクロソフト、グーグル、アップルといった超巨大ＩＴ企業がこれに協力していました。これによって、アメリカ政府がそれまで否定していた事実が明らかとなりました。横田基地で働いたことのあるスノーデン氏によれば、アメリカの情報機関は日本に対してアメリカにおける情報を交換し、日本の情報機関はアメリカに対して日本における情報を交換しているといいます。

私たちの周りを見回してみても、日本の警察や情報機関が、私たちの「私的情報」を収集し、テロ防止・犯罪予防の名の下に一般市民の監視を行っていることが報道されています。自衛隊情報保全隊の市民監視事件、警視庁のムスリム監視問題、最近では、大分県警による違法な監視カメラの設置・捜査が判明しました。監視社会化が進行しています。これらの事件については、第2章9で説明します。

また、2016年来の東京都知事による公金の不正使用に端を発した知事交代劇の後、築地市場の移転先である豊洲市場の盛土問題では、本来埋め戻される予定の建物地下が空洞になっていることが発覚しました。そして、その経緯や決裁手続きの記録は不明でした。2011年まで遡ると、原子力情報の公開が謳われながらも3・11福島第一原発事故の際に、SPEEDIやメルトダウンの情報が適切に公表されず、多数の震災関連死をも引き起こしました。

市民に公開されるべき「公的情報」は公開されず、保護されるべき「私的情報」は警察や情報機関が自由に収集し利用するというのが、監視社会の実態です。「情報公開は民主主義の通貨」、「公文書管理は民主主義の基盤」といわれながらも、情報は、市民の手を離れ、「公権力等の情報機関のもの」になりさがっています。

2　市民監視からプライバシーと表現の自由を護る

本書ではまず、スノーデン・ショック以降、白日の下にさらされた監視社会にあって、人々のプライバシーや、知る権利を含む表現の自由をどのように護るかを構想します。

私たちは、個人情報やプライバシー情報といった私的情報を、みだりに警察や情報機関に収集されず私的領域を護る権利をもっています。しかし昨今、市民監視を可能とする仕組みが急速に構築されつつあります。

デジタル情報時代にあって、日本全国に５００万台も設置されているといわれる監視カメラは技術が高度化し、デジタル的に人物の同一性を特定する顔認証技術が開発されました。既に、登録画像10万件に対して１秒以内に顔照合処理が可能な段階のようです。また、最高裁２０１７（平成29）年3月15日判決（後述99頁）により、GPS捜査には強制令状が必要となりましたが、それまではGPS装置を利用した任意捜査も行われていました。これらの技術を駆使すれば、公共空間だけでなく私的領域内まで、特定個人の動きをリアルタイムに監視することが可能です。

高度情報通信社会と叫ばれるようになり、パーソナルコンピュータ、スマートフォンなどのデジタル機器が活用され、民間には、特定個人の行動や嗜好等を解析できる膨大な情報が溢れています。加えて、２０１３年に制定された番号法に基づくマイナンバーを利用してこれらの情報を紐付ければ、より一層特定個人の監視を実現できます。

対象犯罪を大幅に拡大する通信傍受法の改定も２０１６年に行われました。会話傍受は立法化が見送られましたが、いつ立法化議論が再燃するか分かりません。

こうした中、これまで3回廃案となった、いわゆる共謀罪（テロ等準備罪）を含む改正組織犯罪処罰法も、２０１７年7月、参議院本会議での中間報告後に採決が強行されて制定されました。法務委員会において、共謀罪捜査からプライバシー・個人情報をどのように護るかといった更なる審理が尽くされることはありませんでした。これは、長期4年以上の刑を定める犯罪のうち、組織的犯罪集団の関与が考えられる２７７の犯罪について、その集団の活動として、その計画をした者のいずれかによりその計画に係る犯罪の実行のための資金又は物品の取得、関係場所の下見など、計画をした犯罪の実行の準備行為が行われたとき、共謀すなわち犯罪の合意をしたことをもって処罰される法です。共謀したかどうかが捜査の対象となります。つまり、目に見えない「共謀」の嫌疑を名目にした市民監視が行われる危険があります。

また、共謀罪が創設されると、国際的に国家が保有する情報の共有化が進むといわれています。警察や情報機関が収集した私的情報が、国内に止まらず、国際的に共有・利用される危険は避けられません。

3　映画『スノーデン』からスノーデン・ショックを考える

スノーデンによる内部告発をもとに、私たちはSNS、メールなど、デジタル機器を使い続けながら、個人情報とプライバシーや、知る権利を含む表現の自由をどのように護ることができるでしょうか。オリバー・ストーン監督作品の映画『スノーデン』を見ながら考えてみましょう。

スノーデンは、父親は30年間軍隊で仕事をし、母親はアメリカの裁判所勤務、祖父は海軍提督という愛国者の家庭環境で育ちました。そして、9・11の同時多発テロに危機感を抱き、国家の役に立ちたいと考えて、2004年、ジョージア州で軍に志願入隊します。しかし、特殊部隊の訓練は想像を絶するほど過酷で、足に骨折直前の大怪我を負ったスノーデンは除隊を余儀なくされます。それでも国家の役に立ちたいと考えたスノーデンは方針を転換して、米国中央情報局（CIA）の採用試験に合格し、2006年、バージニア州で、〝ザ・ヒル〟と呼ばれるCIA訓練センターでサイバーセキュリティのノウハウを学びました。そこでは、それまで自学自修したコンピュータの知識を発揮し、厳格な指導教官コービン・オブライアンも驚くほどの高いスキルを持つ愛国者として注目される存在となり、オタク風のエンジニアで教官でもあるハンク・フォレスターとも親しくなりました。

ＣＩＡ訓練センター〝ザ・ヒル〟でトップクラスの成績を叩き出したスノーデンは、２００７年、ジュネーヴにあるアメリカの国連代表部に派遣されました。そこで、彼が日常の出来事として目の当たりにしたのは、一般市民のメール、チャット、ＳＮＳからあらゆる情報を収集するＮＳＡの極秘検索システムの存在と、それを利用してテロ活動とは無関係の一般市民までをもプロファイリングして人物像を暴き出すＣＩＡの手法でした。映画の中で、自宅に戻ったスノーデンは、民主党の大統領候補バラク・オバマの躍進を喜ぶ恋人リンゼイにＣＩＡを辞職したことを打ち明けます。

ＣＩＡ退職後、スノーデンは、２００９年、民間企業からの契約スタッフとして東京・横田基地に赴任しますが、そこで彼は、憲法と人権擁護に造詣の深いオバマ大統領が率いる政権になっても変わらない、政府の諜報活動を目の当たりにします。そして、このようなプライバシー侵害が野放図に展開されて果たしていいのか、という疑念を強めていきます。ＮＳＡによる監視は、通信内容以外のメタデータ、つまり、いつ、どこで、誰が誰に対して、どれくらいの量のデータを送信したかということにとどまりますが、「誰の」を検索すると、その「誰」が「誰」とどのような情報を交換したかをすべて収集することができます。同盟国や民間企業、何の嫌疑もない世界中の一般市民を全て対象とすることができ、これは明らかにテロ防止の目的を逸脱しています。

２０１２年、ハワイ・オアフに赴任したスノーデンは、ＮＳＡ工作センター〝トンネル〟でそれまで以上にハイレベルな情報アクセス権を与えられ、中国によるサイバー活動の監視任務に就きます。そこでスノーデンはかつて自分が構築した非常用のデータ・バックアップシステムが、ドローン攻撃などの想定外の目的に使用されている事実を知り、ショックを受けます。さらに政府の監視プログラムが拡大の一途をたどり、自分とハワイに同伴したリンゼイの私生活までもがCIAに探られていると察したスノーデンは、ついに祖国アメリカを告発するという重大な決意を固め、リンゼイにもうち明かすことなく、たったひとりで決死の行動を決断します。

映画『スノーデン』は、冒頭、2013年6月3日、大勢の市民でにぎわう香港の街なかに、青白い顔にメガネをかけ、ルービックキューブを手にしたスノーデンが現れる場面から始まります。彼はドキュメンタリー作家ローラ・ポイトラス、イギリス・ガーディアン紙のコラムニスト、グレン・グリーンウォルトと合言葉を交わし、彼らを自分が宿泊するホテルの室に招き入れます。一室に入るや、スノーデンは彼らが持つ携帯電話をホテル備え付けの冷蔵庫の中に入れて、携帯電話が発する電波によって第三者に彼らの居所が悟られないようにします。そして、ポイトラスが回すカメラの前でエドワード・スノーデンと名乗り、アメリカ政府による恐るべき諜報活動の実態を証明するトップシークレットとして、自らが歩んできたCIAとNSAでのキャリアを語り始めるのです。

元NSA（アメリカ国家安全保障局）職員であって、当時はNSAの契約先の技術者であったスノーデンは、NSAが世界規模で構築した情報システムの全体像と能力を明らかにしました。その告発は、細切れのデータではなく、これまでその存在が噂され、皆があるだろうと考えてきたNSAによるIT技術を道具とした世界監視システムの具体的な中身とその能力にかかるものです。

スノーデン本人が収録されたもう一つのスノーデン映画、アカデミー賞ドキュメンタリー映画賞作品のローラ・ポイトラス監督『シティズン・フォー』においては、スノーデンより前に世界監視システムが人権を侵害するとして内部告発をした4人の先達者について映像化されていますが、この4人は、秘密漏えいにより処罰されるなどして、内部告発に成功しませんでした。スノーデンはこの先達の失敗をふまえて、最もアメリカ政府の追及の手が及びにくい中国の一部、しかし、居住移転の自由は認められている香港を内部告発の場に選んだのです。

デジタル時代以前に、NSAは全世界の無線通信を補促できるエシュロンシステムを運用していましたが、IT技術の普及により、技術的にも容易で経済的にも安価なマス・サーベイランスと呼ばれる監視プログラムが構築されました。

NSAが開設したプリズム(PRISM)というシステムは、SNSやクラウドサービス、インターネット接続業者など大手のIT企業9社のサーバーから直接網羅的にメタデータを収集するものでした。『シティズン・フォー』は、スノーデン本人がこのやりとりを香港のミラホテルで行っていることが実写されているだけに迫真的です。プリズムは、1ヶ月でメール9

70億件、電話1270億件のメタデータを収集したというものでした。9社とはMicrosoft、米Yahoo、Google、Facebook、AOL、Skype、YouTube、Apple、Paltalkであり、NSAはこれら9社の保有するサーバーに自由にアクセスし、2012年には、2万2000のメールドメインから情報を収集し、また、フェイスブックのチャットやグーグルの検索履歴、ヤフーメールなども傍受できたというのです。

香港ミラホテルでの内部告発に立ち会ったジャーナリスト、グレン・グリンウォルトの著書『暴露』(1)においては、プリズムの「Eメールアドレスクエリー」の操作画面が掲載されています。そしてそれが、「クエリー名、監視理由、日付の範囲、検索したいEメールアドレス（複数可）」を入力し、送信ボタンを押すだけで必要な情報が得られるシステムであることがわかります。(2)NSAは、そのメール解読リストによって収集されたデータから、メタデータだけでなく、その内容（コンテンツ）までも読み取ったのです。映画『スノーデン』では、スノーデンが実際に、ジュネーブでの活動中にパキスタン人の銀行家のメタデータ集積からコンテンツを読んで、その私生活上の弱点を握り、その銀行家を破滅させていく場面があります。情報機関が私的情報を本人の知らないうちに集積し、情報を操作し、ターゲットとされた人物を経済的にも精神的にも破滅させていくという、恐るべき人権侵害の場面です。

プリズム以外にもアップルストリームによる傍受、すなわち光ファイバーケーブルの情報をそのまま収集するシステムも明らかにされました。SSO（特殊情報源工作）は、情報通信設備が行き渡った社会において、この通信インフラにＮＳＡが直接侵入して情報を盗み出すものです。

スノーデンに日本人として初めてインタビューした小笠原みどり氏の『スノーデン、監視社会の恐怖を語る』[3]は、太平洋横断エクスプレスと呼ばれる日米間の太平洋を横断する光ファイバー・海底ケーブルがあることを示し、それは「ベライゾンのほか、中国、台湾、韓国の５社が２００６年に共同建設に合意、２００８年春、ＡＴ＆Ｔと日本のＮＴＴコミュニケーションズも参加して、同年秋に完成した。各国のケーブル上陸地点に陸揚げ局があり、ＮＴＴは千葉県南房総市に新丸山局を設置している。調べていくと、米側はケーブルがオレゴン州北部のネドンナ・ビーチに上陸、内陸側のヒルズボロにベライゾンが陸揚げ局を置いたことが判明した。これは地図上の窒息ポイント、コード名『ＢＲＥＣＫＥＮＲＩＤＧＥ（ブレッケンリッジ）』と位置的に重なる。つまり、アジア４地域から入る膨大なインターネット、電話情報の一部が、オレゴン州沿岸部のヒルズボロかその周辺でＮＳＡに押さえられ、コピーされているらしいことがわかった」としています。[4] また本書は、「ＳＳＯはある意味で……『ＰＲＩＳＭ（プリズム）』以上にプライバシーに対する侵害性が高いとスノーデンは考える」、「こうしてＳＳＯを主体にＮＳＡが世界中で集めた情報は２０１３年のある１ヵ月だけでもメール９７０億件以上、電話１２４０億件以上にのぼるとＮＳＡの別のプログラム『バウンドレス・インフォーマント』が集計しているというのである」とも示します。[5]

同書の中でスノーデンは以下のようにインタビューに答えています。すなわち、「通信会社は同時海底ケーブルを敷設し、上陸地点に陸揚げ局を設置する際、政府から認可を得る必要があります。ストームブリューの窒息ポイント・ブレケンリッジのような場合、NSAは通信会社に金を支払って、陸揚げ局内の一室を提供するよう求めます。その部屋に自分たちの装置を取り付けて、すべてのサーバーに特別な鍵をかけ、自分たちの許可を与えたセキュリティ上の資格を持った人間だけがこの部屋に入れることとする。……そして通信会社の装置からNSAの装置にケーブルをつないで、自分たちの求めるすべての情報のコピーが送り込まれるようにしなくてはならない、と持ちかける」(6)。日本の情報も太平洋横断エクスプレスを使ったSSO(特殊情報源工作)によって、ごっそりとNSAに抜き取られているということです。また、映画『スノーデン』では、スノーデンが横田基地での勤務経験をふまえて、日本がアメリカに送ったら、ただちに日本中を停電させるシステムが日本の電力システムに埋め込まれていると語り、その仮想の映像が流されています。

2017年4月24日のNHKクローズアップ現代プラスにおいてスノーデンが持ち出して米ネットメディア「インターセプト」に提供した機密文書について放送がありました。そこでは、NSAが日本に提供した監視プログラム「Xkeyscore」(エックスキースコア)を使って、NSA職員が日本での訓練実施を上層部に求めた2013年4月8日付け文書が公開されました。この「Xkeyscore」は、「スパイのグーグルです。通信回線から取り出され、バケツに入れられた情報のすべてをふるいにかけて、情報を取り出せるようにしている」と、小笠原氏にインタビューで、スノーデンがその存在を明らかにしていたものです。(7) いわゆるスノーデン・ファイル、NSA（アメリカ国家安全保障局）の機密文書の中から「Xkeyscore」がDFS（Directorate for SIGINT、防衛省情報本部電波部）に提供された旨の記載が明らかになったのです。NHKクローズアップ現代プラスにおいては、ロシアに亡命中のスノーデンが、「Xkeyscore」の日本への提供について否定していない映像が流されました。

さらに、5月17日には、日本共産党の宮本徹議員によって、防衛省が収集した電波情報などを関係省庁と共有し、防衛目的で収集したインターネット上の個人情報を警察と共有している可能性が明らかにされました。(8)

2017年10月1日、公益社団法人自由人権協会70周年シンポジウム「どう守る？『大量監視時代』のプライバシー」においては、元NHKでクローズアップ現代のキャスターの国谷裕子氏が聞き手となった、スノーデンのロシアからのライブインタビューで、同氏は「Xkeyscore」について、さらに詳細に説明しました。

国谷氏は、同年4月24日のNHKクローズアップ現代プラスにおいて、13の米国の秘密文書が公開されたことを指して、「これらの文書で、国家による普遍的な監視を可能にしたXキースコアが米国から日本に提供されたということを知って懸念をもつ人も多いのではないかと思います」と、「Xkeyscore」の米国から日本への提供についてのコメントを求めました。

これに対し、スノーデンは以下のように語ります。「私は、他の多数の国と同じように日本政府がXキースコアを受け取ったことを確認しています」、「一定の長い期間をかけて会合があり、一定の駆け引き、交渉が両国政府の間でなされました。誰が管理をするのか、誰が費用を負担するのか、どこに立地するのか、どうやって守るのかといったやり取りが必要でした」、「Xキースコア……には大きな目的が一つあります。電磁的な通信を様々な情報源から収集するということです。……無線からも、東京の地中や日本やアメリカ、オーストラリア、中国といった国の間の海中ケーブルを通った固定電話からも。隣接する国であればどの国との間でも。基本的に、最大限の能力のレベルまで電子コミュニケーション全体を集めてしまいます。コンピュータ、軍事基地、あるいは電気通信会社を活用してこれを全部集めるのです」、「しかしXキースコアは、インターネットを行き来するもののすべてをとらえることができます。……ある一点を経由したときに、そこにXキースコアのシステムがあり、そこでとらえることができるのです。記録され、政府がサーチを掛ければ見つけることができます。……ターゲットを絞る必要はありません。それがXキースコアの核心です」。

スノーデンは「Xkeyscore」について以上の内容を明らかにすると共に、以下のように、大量監視と同時に日本社会における法的枠組の変容についても論及しました。「大量監視という動力に、日本政府はますます積極的な関与を深めています。日本国内においては、説明されないまま例をみない法的な変化がみられています」。

「法的な変化」とは、米国政府が日本政府に対して秘密保護法の制定を求めたことと、いわゆる共謀罪を新設する改正組織犯罪処罰法により日本社会が盗聴を常態化されることへの危惧です。スノーデンいわく、「その答えは、米国政府が、日本に対し、大量監視の謀議の中でさらに重要な役割を担う条件として要求していたからなのです。日本の秘密保護法は米国のものと違っていてはいけない、罰則をもっと厳しくしなければいけないという米国の要求に、安倍政権はこたえたのです。今年（２０１７年）になって、似たような法律が出てきました。共謀罪、テロ等準備罪です」。

　彼は同時に、政府が公的情報の非公開・不存在に対して、改善しようとしないことにも触れます。「安倍政権、自民党からは、あまりにも多くのスキャンダルが出てきます。森友学園、加計学園。この政府は何を一般の目から隠そうとしているのでしょうか？　国民に対して『新しい法律ができても心配しなくていい』『隠すものがないのであれば脅える必要はないです』と言うのであれば、その同じルールで、彼らも仕事をすべきではないでしょうか？」と。

　スノーデンは、プライバシー侵害による監視社会と、公的情報の非公開・不存在という現代日本の病理を、米国のパスポートが失効されて留め置かれているロシアから指摘してくれました。(9)

4　保存期間1年未満と文書不存在の森友・加計問題

２０１７年になり、２００９年6月制定の公文書管理法の問題点が相次いで顕在化しました。集団的自衛権行使容認についての「想定問答」文書、森友学園への国有地売却、加計学園獣医学部の新設手続き、南スーダンＰＫＯ派遣日報の取扱いをめぐる4事例です。本節では、公文書管理法制定の制定経緯と意義を明らかにしたうえで、森友・加計問題等4事例について公文書管理をめぐる問題点を検証します。

日本では、１９９９年の情報公開法制定以後も２００９年まで公文書管理法がなかったため、社会保険庁における年金記録の不適切な管理をはじめ、文書保存期間満了前の文書の「誤破棄」（「とわだ」の航泊日誌）、文書の倉庫への放置（C型肝炎関連資料）等の問題が発生してきました。アメリカの国立公文書館で発見された沖縄返還密約について日本側の文書を廃棄したという新聞報道もその一例でした[10]。

福田康夫内閣官房長官当時の２００３年には、内閣府大臣官房長の研究会として、同年12月には内閣官房長官主宰の「公文書等の適切な管理、保存及び利用に関する懇談会」として、公文書管理のあり方が研究されました。そして２００８年、福田内閣総理大臣の指示により重要施策とされたこともあり、公文書管理に関する有識者会議が設けられ、同会議の最終報告[11]がとりまとめられ、公文書管理法案が第171回国会に上程されました。

市民団体から意見が相次ぎましたが、日弁連でも、有識者会議の最終報告を前にして2008年10月22日には「公文書管理法の早期制定と情報公開法の改正を求める意見書」、2009年4月24日には上程された法案に対して「公文書管理法案の修正と情報公開法の改正を求める意見書」（以下「2009年日弁連意見書」）が発表されました。

2009年日弁連意見書では、①目的規定に「国民の知る権利の保障」を明記すべきこと、②意思決定過程文書の作成義務を明記すること、行政文書ファイルの保存期間を最長30年とすること、③中間書庫についての規定を設けること、④廃棄予定文書を全件内閣総理大臣に報告させ、また国民に公表させ、国民に意見を述べる機会を与え、その意見を踏まえ内閣総理大臣が廃棄を承認しない限り文書の廃棄をなし得ないとすること、⑤国会や裁判所の公文書についても公文書管理法を制定することを義務づけること、……⑨何人も公文書管理委員会に対し意見が述べられるようにするとともに、同委員会に公文書管理の制度改善のための建議機能を付与すること、⑩公文書管理担当の国務大臣を常置し、さらに内閣府に公文書管理推進会議を設けること、⑪地方公共団体の公文書館に専門職員を常置するとともに、公立図書館と公文書館との併館を認めるなど、その保有する文書の適正な管理に関する措置をとること、⑫本法附則に、電子文書による原本扱いとする、公文書管理の抜本的改革を進めることを明記すること等が求められました。

そして２００９年６月、麻生内閣において野党の修正提案をも受け入れて公文書管理法が制定されましたが、これは一定の限度では評価し得るものでした。例えば目的規定に、「健全な民主主義の根幹を支える国民共有の知的資源」、「主権者である国民が主体的に利用しうるもの」と明定されたことにより（１条）、情報公開法の附属法としての性格を超えて、「知的資源」として公文書独自の位置付けから、国民主権、民主主義との関係がより一層明らかとなっています。

政府提案では、「当該行政機関の意思決定並びに当該行政機関の事務及び事業の実績について」とされていましたが、作成対象事項を明記のうえ、「経緯も含めた意思決定に至る過程、並びに当該行政機関の事務及び事業の実績を合理的に跡付け、又は検証することができるよう」と修正されました（４条）。

２０１７年になって問題が顕在化した事例、すなわち、集団的自衛権行使容認の「想定問答」文書、森友学園国有地売却交渉文書、加計学園獣医学部新設手続過程文書、南スーダンＰＫＯ派遣日報不存在の４事例は、いずれも、この意思形成過程文書の作成義務にかかわるものでした。

5　廃棄についての内閣総理大臣の同意は適正に行使されたか

公文書管理の法案修正では、行政文書ファイル等を廃棄しようとするときは、あらかじめ内閣総理大臣に協議し、その同意を得なければならないことも規定されました（8条）。

日弁連意見書では、それに対して「アメリカでは、移管を含めた記録管理全体のシステムにおいて、アメリカ国立公文書記録管理局（ＮＡＲＡ）制定の『処分許可申請書』（通称ＳＦＩ１５）を作成しＮＡＲＡの承認を経て公文書を廃棄処分にすることが決まった場合は、官報で国民に公示し、国民は処分に対し意見書を提出できる[12]。本法は、内閣府大臣官房企画調整課の監修資料報告を無視して、国民の知る権利に基づく公文書廃棄に対する意見書提出の機会すら与えようとしない、官僚主導の都合のよい手続しか採用されていない。そして、各府省庁の廃棄予定リストの審査、その他行政文書の管理状況に関する報告若しくは資料の提出を求め、又は当該職員に実施調査をさせるための組織として、６項として『前５項の事務を遂行するため、別に法律の定めるところにより、公文書管理庁を設置する。』ことを追加すべきである。これによって、懇談会の調査にかかるアメリカ国立公文書記録管理局、カナダ文化遺産省、国務院中国国家档案局、韓国政府記録保存所[13]に比肩することのできる組織による、公文書の適切な管理、保存及び利用に関する行政がなされるものと考える。」と批判しました。

このためか、行政文書ファイル等の廃棄にあたっては、内閣総理大臣の協議同意の規定（公文書管理法８条２項）が設けられました[14]。

6　安倍政権下における情報施策

民主党政権下において、情報公開法改正案の提案がされていましたが[15]、安倍政権下においては、２０１２年12月の衆議院解散による廃案のまま、継続課題とはされませんでした。他方、２０１３年12月に特定秘密保護法が採決強行のうえ制定されました。さらに、２０１４年７月１日の臨時閣議において、集団的自衛権行使容認の閣議決定がなされ、２０１５年９月には、集団的自衛権の行使を可能とする武力攻撃事態法改正案やＰＫＯの「駆け付け警護」を盛り込んだ国連平和維持活動法改正案など、計10法案の一括改正に加え、海外で他国軍を後方支援する国際平和支援法案からなる安全保障関連法が、採決を強行して制定されました。そして、その後、２０１７年６月に、２７７の行為類型を処罰の対象とするテロ等準備処罰法、いわゆる共謀罪法の採決が強行されます。戦前の治安維持法、国防保安法、軍機保護法等は、１９４５年８月のポツダム宣言受諾によって無効な法律となりました。積極的平和主義の展開という見方もありますが、情報法制に関連する新たな戦時立法が法制化されたという状況にあります。

いわゆる共謀罪法の採決は、参議院が委員会の審査中の案件について本会議において中間報告を求め、その際、委員会採決を省略して強行されました。これは、東京都議会議員選挙を控えて、これ以上加計学園問題について国会で審議されることを避けるためであると批判されました。

7　情報公開法と公文書管理法に基づく行政文書の作成

公文書管理にかかる最近の4事例を検証するにあたり、「行政文書」の意義から改めて解説します。

行政の透明化と説明責任を目的とする情報公開法（1999年制定）は、開示請求の対象となる「行政文書」について、「行政機関の職員が職務上作成し、又は取得した文書、図画及び電磁的記録（中略）であって、当該行政機関の職員が組織的に用いるものとして、当該行政機関が保有しているものをいう」と規定しています（2条2項本文）。その意義は、「開示請求権制度は、……あるがままの行政運営に関する情報を国民に提供するものである」と説明されました（行政改革委員会「情報公開法要綱案の考え方」〔以下「考え方」〕2（2））。このうち「組織的に用いるもの」とは、「作成段階では個人メモとしてつくられたものであっても、その後、業務上の必要性の観点から組織共用文書として保有される状態になっていれば、行政文書」であることが明らかにされています[16]。

どの段階から組織として共用文書たる実質を備えた状態になるかについては、例えば、①決裁を要するものについては起案文書が作成され、稟議に付された時点、②会議に提出した時点、③申請書等が行政機関の事務所に到達した時点、④組織として管理している職員共用の保存場所に保存した時点等が一つの目安となるとされていますが[17]、これはいずれかの最も早い時期とされるべきです。

しかし、情報公開法制定後、各府省庁から国立公文書館へ移管される非現用文書が減少しました。各府省庁の管理を離れて、国立公文書館において原則公開とされることへの懸念が広がったためです。筆者も2003年から、国立公文書館有識者会議や、内閣府公文書の適切な管理、保存及び利用に関する懇談会委員を務め、公文書管理法の制定を求めました。

公文書管理法では、前記4のとおり「当該行政機関における経緯も含めた意思決定に至る過程並びに当該行政機関の事務及び事業の実績を合理的に跡付け、又は検証することができるよう、処理に係る事案が軽微なものである場合を除き、次に掲げる事項その他の事項について、文書を作成しなければならない」と規定され（4条本文）、対象文書に該当すれば作成が義務とされました。

制定時の公文書管理法案の法案修正にあたり、衆議院内閣委員会において修正案共同提出者の民主党枝野幸男議員は、「すべてを列挙することは、行政の広範さ、それから多様性を考えるとたぶん不可能であるけれども、（中略）条文にもございますとおり、『次に掲げる事項その他の事項について』となっておりますので、この1から5の各号の規定に準じて、しっかりと必要なものは文書を作成していただく、そういう内容になっております」と答弁しています[18]。

さらに公文書の移管又は廃棄についても、前記4のとおり、内閣総理大臣の同意権限が規定されました（同法8条2項）。この他、公文書管理法に制度上盛り込まれているコンプライアンス確保のための仕組みとして、内閣総理大臣からの廃棄しないことの求め（同8条4項）、内閣総理大臣への報告（同9条1項）、同大臣による調査（同9条3項）、勧告（同31条）、国立公文書館による実地調査（同9条4項）、公文書管理委員会による勧告案の調査審議（同29条3号）などが設けられています。

ただし、公文書管理法については、よりよい制度を求めて、たとえば、4で述べた2009年日弁連意見書における抜本的な改革の提案がなされました。

第二次安倍政権下における情報施策においては、公文書管理の抜本的改革はなされてはいませんが、2017年12月には、重要または異例な政策形成過程の公文書は原則1年以上の保存年限とする「行政文書の管理に関するガイドライン」の改正がなされました。これについては、改めて第3章で述べることとします。

8　集団的自衛権行使容認にかかる「想定問答資料」の不存在決定の誤り

内閣法制局は、２０１６年2月、集団的自衛権行使容認の閣議決定に関連し国会審議に備え作成した「想定問答資料」について、朝日新聞記者からの情報公開請求に対し、法制局長官が承認しなかった文書は行政文書（情報公開法２条２項）ではないと誤解して、文書の解釈上不存在による不存在決定をしました。筆者は、記者からの取材に対し、この法制局見解は上記４の「行政文書」の解釈に違反していることを指摘しました。

その後の展開は、朝日新聞２０１７年1月19日「集団的自衛権審議の想定問答、内閣法制局が一転開示」の記事のとおり、情報公開・個人情報保護審会での答申を受けて、内閣法制局自身も想定問題が「行政文書」であるとして、改めて開示決定をしました。その取材によれば、法制局は、そもそもこの憲法解釈の変更について、内部で協議した文書を残していませんでした。[19]このことは前記４で述べた意見形成過程の文書の保存義務（公文書管理法４条）にも違反しています。

行政文書の解釈を、内閣法制局長官からして、間違えることのなきように、政務三役や幹部職員をも含めた公文書管理教育を実効あるものにしなければなりません。

9　森友学園問題にみる意思形成過程の公文書廃棄

財務省近畿財務局が学校法人森友学園に売った国有地（大阪府豊中市）の売却額を非公表とした問題で、財務省は、その後、一転して売却額は1億3400万円だったとしました。当初の鑑定価格は9億5600万円だったが、地下のごみの撤去費8億円以上を差し引いたとも説明されました。財務局から依頼された不動産鑑定士が更地価格を9億5600万円と算出し、財務局は地下の廃材、生活ごみの撤去・処理費8億1900万円と撤去で事業が長期化する損失を差し引いた1億3400万円で、同年6月に公共随意契約で、問題の土地を同学園へ売却します。しかし、この売買契約の交渉過程の記録は、重要なものではないとして、廃棄したといいます。これは、公文書管理法4条違反です。仮にこれが故意になされたとすると、公用文書等毀棄罪（刑法258条）に該当します。

そもそも、公文書管理法は、前記4のとおり4条で「当該行政機関における経緯も含めた意思決定に至る過程」をも合理的に跡付け又は検証するよう文書作成を義務付け、8条で、行政機関の長は、「保存期間が満了した行政文書ファイル等を廃棄しようとするときは、あらかじめ、内閣総理大臣に協議し、その同意を得なければならない」ことを規定しています。立憲民主国家の財政を支える納税の義務（憲法30条）は、税金の使途を知る権利を保障しているといえます。国民主権の理念にのっとり制定された情報公開法は、同時に、民主国家の情報の自由な流通のための国民の知る権利（憲法21条）を具体化するものであって、その保障は、税金の使途にも及ぶのです。

また、公文書管理法10条1項に基づく「行政文書の管理に関するガイドライン」別表第1「行政文書の保存期間基準」によれば、15予算及び決算に関する事項、（2）「歳入及び歳出の決算報告書…に関する計算書の作製その他決算に関する重要な経緯」の業務区分中の会計検査院に提出すべき計算書及び証拠書類としては、本来保存年限5年とされるべきものとされています。同じ規定が財務省行政文書管理規則の別表第1「行政文書の保存期間基準」にあります。

仮にこの解釈を誤って財務省行政文書管理規則細則6条2項の「歴史公文書等（管理規則第13条第3項の歴史公文書等をいう。）に該当しない行政文書（歴史公文書等の写しを含む。）の保存期間は1年未満とする」に基づいて保存年限を1年未満と解釈したとしても、上記「行政文書の管理に関するガイドライン」の別表、第1備考五において「本表が適用されない行政文書については、文書管理者は、本表の規定を参酌し、当該文書管理者が所掌する事務及び事業の性質、内容等に応じた保存期間基準を定めるものとする」ことが義務付けられています。決算に関する重要な経緯についての計算書及び証拠書類に準じて、保存期間は5年とされるべきなのです。

以上のガイドラインに基づいて、同じ条項を定める財務省行政文書管理規則が解釈適用されることとなりますが、森友学園への土地売却過程の記録の廃棄は、このガイドライン及び財務省行政文書管理規則に違反しています。

こうした違反をなくすために、同規則をふまえた財務省行政文書管理規則細則6条の適用を停止し1年未満の保存期間文書の取り扱いを見直すとともに、紙媒体の文書と並行して、電子文書についても、一旦はデータベース上の中間書庫（電子中間書庫）に保管して、公文書の重要度が明らかになるかどうか、一定期間見定めて廃棄か保存かを決める公文書管理の体制が早急に求められるべきでした。

２０１７年12月における「行政文書の管理に関するガイドライン」の改正によって、財務省行政文書管理規則と同管理規則細則がどのように改正されたのか、その運用改善については第3章で述べます。また運用改善の作業中、２０１８年2月に、この国有地売却にかかる法律相談の記録なるものが開示されました。これについても第3章で述べます。

10　加計学園獣医学部新設手続の過程文書の不存在

加計学園獣医学部の新設については、開設手続きが進行中であり、その是非を結論付けることはできませんが、国家戦略特区諮問会議を分掌する内閣府における選定過程の記録が存在しないことについては、森友問題と同様、文書の保存義務を定めた公文書管理法4条違反です。

文部科学省において、大学設置事務担当者が事務次官に手渡したとされる「総理のご意向」メモも、７で述べた組織共用文書であることから「行政文書」に該当します。また、獣医学部の新設に関する内閣府担当者と文部科学省担当者の協議は、いわゆる省庁間協議として、当該行政機関における経緯を含めた意思決定に至る過程であって、これを合理的に跡付けまたは検証するために、当該協議内容については公文書が作成されなければなりません（同４条柱書「その他の事項」）。省庁間担当者間の議事録等の文書も同法４条に照らして、省議に準じて作成、保存されるべきとする見直しが必要でした。この点も、「行政文書の管理に関するガイドライン」の改正によって運用改善がなされたかは、第３章で述べます。

11　南スーダンＰＫＯ派遣日報の文書不存在取扱いの誤り

南スーダンＰＫＯ派遣の日報についても、２０１７年７月27日発表の「特別防衛監察の結果について」をふまえて、改めて国民的に検証されなければなりません。

ただし、この特別防衛監察報告書だけをとっても、そもそも２０１６年７月19日の情報公開請求に対し、８月１日に、中央即応集団の司令部関係職員が陸幕関係職員に対し、保有している日報は個人資料であり、開示請求該当文書に含めないとしたという「行政文書」の取扱い自体に根本的な誤りがあります。

加えて、南スーダンPKO派遣の日報については、電子情報として残っていたという事実のとおり、電子情報も公文書でありながら、その保管のあり方については、行政文書としての管理がまったく立ち遅れていることがわかります。アメリカでは、オバマ大統領の行政命令により、既に2016年12月31日までに各連邦省庁は永久保存及び現用の電子メール記録をアクセス可能な電子的フォーマットで管理することとされています[20]。この日米の情報格差は、外交交渉においても、日本側に不利に働くにちがいないし、沖縄密約事件のような日本側の公文書紛失をくり返すことにもつながりかねません。さらに、2016年のアメリカ情報自由法改正により、この電子的フォーマットを3回以上情報公開請求される場合には、政府が開示請求を待たずに積極的に情報提供することが規定されています。日本においても、情報公開法の改正も必要です。あわせて参考とされるべきです。

なお、防衛省は、上記「特別防衛監察の結果について」の7項について、公文書管理について、以下の改善策を提示しています。

① 関係職員の意識向上を図るための教育等の徹底

② 行政文書の不存在の際の入念な確認の徹底

過去に保有していたことが明らかな行政文書を不存在とする場合には、情報公開担当部署は、文書管理者等に対し、複数回の探索や探索範囲の拡大を実施させるとともに、文書の管理状況についても実際に確認するなど、「行政文書管理及び情報公開業務の適正な実施について（通達[21]）」に基づき、行政文書の確実な探索及び特定業務を徹底する必要があります。

③ 情報公開業務に対するチェック機能の強化

ここでは情報公開業務の検査等の他、防衛監察本部においても、定期防衛監察を活用し、特に開示請求において不存在としている場合の手続の適正性を確認することなどにより、チェック機能の強化に努めるものとしています。具体的には、「日報が『用済み後破棄』として取り扱われていることについて、……行政文書の状況が明確に把握できるよう措置する必要があります。日報が『注意文書』として取り扱われていることについて、……取扱区分を表示するとともに、配布に当たっては配布先を必要最小限にとどめるよう措置する必要がある。」とします。また、「日報は指揮システムの掲示板により、統幕、陸幕、陸自各部隊等の多数の部署により共有されているものの、各文書管理者により日報の管理状況が様々であり、日報の保有状況が不明確となっていることから、同一の行政文書を複数の文書管理者が保有する場合における責任を明確にするなど、行政文書の管理要領について見直す必要がある。日報は、南スーダン派遣施設隊自身が作成した一次資料であり、可能な範囲で保管することが望ましいとし、第11次要員の日報については、その活動成果について評価が定まるまでの間、廃棄せず保存することとしている。また、本事案において、日報の管理が問題となったことを踏まえ、防衛省として、日報の保存期間や保存期間が満了したときの措置などのあり方について早急に検討及び措置する必要がある。」ともしています。これらの改善項目は、従前からの指摘の繰り返しではありますが[22]、本当に実現されるのか注目されます。

第3章で述べる行政文書の管理に関するガイドラインの改正を受けた防衛省行政文書管理規則の改正により、PKO南スーダン派遣日報などは総括報告書とは別に、10年保存することが定まりました。

12 情報自由基本法とメディアの役割

以上、最近の公文書管理をめぐる不適切な事例を取り上げ、各項末尾にその対応策を提言しましたが、根本的には、各府省庁の部署から独立したレコードマネージャーによる電子文書を含む公文書管理の指導が必要です。

政府のこのような公文書管理の実態に対し、日弁連は、憲法21条1項の保障する市民の知る権利を具体化し、発展させるために、オバマ大統領のオープンガバメント構想に対応するものとして、公文書管理を含めて「情報自由基本法（仮称）」を制定すべきことを提言してきました[23]。

さらに、2017年10月の日弁連・人権大会においては、「情報は誰のもの？――監視社会と情報公開」という問題を憲法理念に基づいて解明が試みられました。ここでは、いわゆるスノーデン・ショックに由来して、拡大し続ける現代監視社会におけるプライバシー権の危機的状況、並びに現代日本における情報公開と権力監視の不十分さがもたらしている国民主権及び知る権利の危機的状況を直視し、それらの状況の深刻さを明らかにした上で、これらの危機的状況を踏まえつつ、個人が尊重される民主主義社会という憲法理念を実現するためのさまざまな対策等について、主として合計12項目に及ぶ提言を公表しています。

13　日弁連・人権大会シンポジウム「情報は誰のもの？」

２０１７年10月４日、日弁連の人権大会シンポジウム第二分科会は、「情報は誰のもの？——監視社会と情報公開を考える」と題して、シンポジウムを開催しました。

冒頭、基調報告書を取りまとめた委員を代表して、総論班、監視班、情報公開・公文書管理班、報道の自由班が発表しました。

総論班は、プライバシー権と知る権利は、個人の尊厳にとって不可欠な私的領域における人格的自律の実現と表現の自由のために不可欠な前提条件であることや、私的領域における個人の主体的な自己実現があってこそ初めて萎縮することなく自由な表現行為に到達できるということから、プライバシー権は、私的領域の確保にとどまらず、知る権利を包摂する表現の自由とも緊密に関連して、立憲民主主義の維持発展にとっても不可欠な権利であることを指摘しました。

監視班の報告では、顔認証システムを伴う監視カメラの映像のデータベースを例にあげて、マイナンバー、改正組織犯罪処罰法のいわゆる「共謀罪」規定による捜査などとあわせて、市民に対するデジタル時代の監視が強化されることの懸念が問題提起されました。「共謀罪」規定は、廃止を求める運動を強化するとともに、公権力等による一般市民の監視を不断にチェックすることが求められます。

なお、監視班によるドイツ調査の際、ドイツ連邦憲法裁判所のヨハネス・マーシング裁判官から、IT基本権、すなわち情報技術システムの機密性と不可侵性の保障に対する基本権を宣言したことやその背景において、私たち日本の弁護士に対し、法の支配と自由という共通の精神で結ばれているという連帯のあいさつをいただいたことも報告されました。ドイツ連邦憲法裁判所の憲法判例は、日本においてもIT基本権を確立するうえで、大いに参考とされるべきです。

また、訪問先のNPO・ヒューマニストユニオンにおいては、ベルリン州データ保護コミッショナーが、警察と情報機関のデータベースを2年に一度審査することとなっており、これまで、右翼過激派データベースにつき、右翼過激派ではないにもかかわらず、その対象とされていたデータを指摘し、多くの人（何千）のデータが削除されたという報告も受けました。ナチス・ドイツの反省に根ざしたこの運用は、日本においても、いわゆる共謀罪法成立後の市民監視の対策として検討されるべき課題です。

次に情報公開・公文書管理班の報告では8～11で述べた、PKO派遣部隊の日報や学校法人の学部設置過程文書の不存在による情報非公開の運用が指摘され、公文書管理法の文書作成義務を徹底履行すべきことや公文書管理条例の制定などが提言されました。「情報は民主主義の通貨」、「公文書管理は民主主義の基盤」であり、情報公開制度と公文書管理制度が十分に機能することによって、監視社会を打ち破ることができるということです。

最後に報道の自由班は、メディア規制とは異なる観点から、情報公開制度を活用しての調査報道のあり方などを提言しました。世界各国のジャーナリストが、「パナマ文書」など共通のテーマの調査報道を行うことは、新しいジャーナリズムのあり方を示すと共に、国民の知る権利に奉仕する報道の自由のこれからのあり方を示しています。時代は、特定秘密保護法、安全保障法制、いわゆる共謀罪を規定する改正組織犯罪処罰法などが採決を強行されるという状況です。メディアによる権力監視の仕組みを一層強化して自律的に多様な報道を行うことが促進される仕組みを作る必要があることも強調されました。

次に、メインゲスト元NSA・アメリカ国家安全保障局（NSA）職員エドワード・スノーデン氏からは、FISA（ファイサ）・外国情報活動監視法に基づき、インターネット関連企業の協力を得て行われた米国の大量監視の実態、つまり、日本を含む全世界で1ヵ月に970億件もの通信を収集・分析していたこと、日本政府との関わりにふれて、私たちのプライバシー侵害の危険性が改めて警告されました。「Xkeyscore」（エックスキースコア）というソフトを使っての大量監視については、ＮＳＡから日本の防衛省にもソフトが提供されたことから、日本政府も関わっていることが明らかになりました。私たちのインターネット環境も監視の対象とされていることを改めて実感しました。

アメリカ調査をふまえてお招きした、元アメリカ自由人権協会のリーガルディレクター、スティーブン・シャピロ弁護士からは、民間を含む監視国家からデジタル時代のプライバシーをどのように護るか、アメリカ自由人権協会などの弁護士による裁判での争い方、立法機関への働きかけ、世論喚起についてもご紹介を受けました。

パネリストの京都大学法科大学院教授、曽我部真裕教授からは、ＧＰＳ任意捜査違憲の最高裁判決（後述第2章10、最判２０１７（平成29）年3月15日）に対する評価も含めて、本シンポジウムで提起した様々な論点について、立憲主義・民主主義の観点からの議論を深めていただきました。

また、同じくパネリストの共同通信社、澤康臣記者からは、パナマ文書等の調査を踏まえてのグローバル・ジャーナリズムの観点から、調査報道の大切さと、そのための日本国内の情報公開制度の強化、特に刑事訴訟記録の報道機関への開示の必要性などについて強調して頂きました。

ＧＰＳ任意捜査違憲の最高裁判決については、会場から、亀石倫子・主任弁護人が発言しました。この判決については、憲法35条違反をもってプライバシーを判示しており、理解が難しいという曽我部教授のコメントもありましたが、私たちはこの判決を監視社会を打ち破るための手掛かりにしたいと考えました。

このシンポジウムを通じて、監視社会化に抗するこれからの日本における個人情報保護と情報公開についてとるべき方向性を2点お示しできました。その1は、監視社会におけるプライバシー権保障の充実、その2は、表現の自由に包摂された知る権利の保障のための情報公開の促進と権力監視の仕組みの強点という点です。

その1は、公権力によって監視される個人情報は、必要最小限度とし、公権力が私的情報を収集、利用する法的権限と濫用防止措置を定めた、独立した第三者監視機関を含む法制度を構築すべきであるということです。特に「共謀罪」規定が採決強行のうえで制定されたことから、「共謀罪」の逮捕・起訴のために、通信傍受の拡大や会話傍受の制度化がなされるのではないかという危惧が高まっている折から、その規定の廃止を求めると共に、これを阻止して、人々の私的領域が保護されるための法制度が必要不可欠です。

その2は、知る権利の保障の充実と、情報公開を促進する制度の整備です。既に日弁連が提案している、情報自由基本法の制定や情報公開法、公文書管理法の改正、違法秘密の内部告発者を保護する公益通報者保護制度などを、ここに位置付けておきたいと考えます。「情報は民主主義の通貨」、「公文書管理は民主主義の基盤」です。自由で豊かな情報流通を前提として、民主政治が発展していくための諸制度の確立が喫緊の課題であることも、本シンポジウムにおいて明らかとなりました。
この2つの改革・制度化によって、私たちは、円形の監獄から発案されたパノプティコン（全方位監視型施設、後述第2章6）社会を克服することができるでしょう。

14　日弁連人権大会2017年10月15日決議

翌10月5日には、日弁連人権大会において「個人が尊重される民主主義社会の実現のため、プライバシー権及び知る権利の保障の充実と情報公開の促進を求める決議」が採択され、以下の12項目に及ぶ提言を公表しました。

【I　現代監視社会におけるプライバシー権保障の充実】
①公権力が、自ら又は民間企業を利用して、あらゆる人々のインターネット上のデータを網羅的に収集・検索する情報監視を禁止すること。
②監視カメラ画像やGPS位置情報などを取得し、それを捜査等に利用するに際して、これを適正化するため、新たな立法による法規制を行うこと。
③捜査機関による通信傍受の対象犯罪を更に拡大し、また、会話傍受を可能とする立法を

行わないこと。加えて、通信傍受の適正な実施を監督する独立した第三者機関による監督を制度化すること。

④市民監視を拡大し、市民の自由を著しく萎縮させるおそれの強い、改正組織犯罪処罰法によって多数新設された、いわゆる「共謀罪」の規定を削除すること。

⑤公安警察や自衛隊情報保全隊などの情報機関の監視権限とその行使について、法律により厳格な制限を定め、独立した第三者機関による監督を制度化すること。

⑥マイナンバー（共通番号）制度が、あらゆる個人情報の国家による一元管理を可能とする制度となり、市民監視に利用されることのないよう、制度上・運用上の問題点を明らかにし、廃止、利用範囲の大幅な限定、民間利用の禁止等の対応を行うこと。

【Ⅱ　知る権利の保障の充実のための情報公開の促進と権力監視の仕組みの強化】

①公的情報の公開、保存及び取得に関し、基本理念と基本事項を定める情報自由基本法（仮称）を制定すること。

②情報公開法等を改正し、本来市民が入手すべき情報を、行政機関が恣意的に隠匿できない情報公開制度を確立すること。

③公文書管理法上、電子データが「行政文書」とされていることを踏まえて全ての電子データを長期間保存することとし、恣意的な廃棄等が行われないよう監視するために独立性の強い第三者機関を設けること。

④秘密保護法について、廃止を含めた抜本的見直しを行うこと。
⑤内部告発者の保護を強化するとともに、公益通報制度を周知すること。
⑥メディアによる権力監視を一層強化するために、自律的に多様な報道を行うことが促進される仕組みを構築すべきであること。[24]

さらに、知る権利には、メディアによる自律的な報道や内部告発による権力監視が大きく奉仕するのであり、これらを萎縮させない仕組みの構築も重要です。違法秘密は「特定秘密」としては保護に値しないという公益通報制度による内部告発者の保護の強化、さらには秘密保護法の廃止を含めた抜本的見直しも求められています。また、いわゆる「共謀罪」の規定の削除や、新しい捜査方法の立法による規制や独立した第三者機関による監督の制度化も必要です。

こうした知る権利及び情報公開の重要性に照らせば、行政機関をして重要な政策決定に係る意思形成過程の公的情報は必ず記録・保存させ、恣意的な秘密指定や廃棄を許さず広く公開させるとともに、メディアによる権力監視の仕組みを一層強化して、自律的に多様な報道を行うことが促進される仕組みを構築する必要があります。これについては別稿にて論じました。[25]

この日弁連人権大会決議は、スノーデン・ショックと森友・加計問題を超えるものとして、監視社会化に抗する個人情報保護と情報公開の最近の論点を明らかにし、これからの日本の情報法制の方向性を鳥瞰する、画期的なものとなりました。

次章以下では、日弁連の人権大会シンポジウムにおいても提起した、I①インターネット上のデータ監視の禁止、②GPS捜査などの強制捜査の法令による規制、③通信傍受拡大の抑制と会話傍受法制化の阻止、④「共謀罪」規定の廃止ないし抜本的見直しと運用監視、⑤情報機関の監督、⑥マイナンバーによる一元管理の規制、II①情報自由基本法（仮称）の制定、②情報公開法改正、③公文書管理法の改正と運用改善、④秘密保護法の廃止を含めた抜本的見直し、⑤スノーデン氏のような内部告発者を保護する公益通報者制度の確立、⑥グローバル・ジャーナリズムによる権力監視とその活動の促進について、プライバシー・個人情報の保護と情報公開・公文書管理の観点に分けて、それぞれ、現状での法解釈、運用上のすすめと立法的論点などから論じてみましょう。すなわち、監視社会化に抗するプライバシー・個人情報保護と情報公開・公文書管理の制度化についてです。

注

（1）グレン・グリーンウォルド『暴露』田口俊樹ほか訳、新潮社、2014年。
（2）同前、グリーンウォルド『暴露』236、237頁。
（3）小笠原みどり『スノーデン、監視社会の恐怖を語る』毎日新聞出版、2016年。
（4）同前、小笠原『スノーデン、監視社会の恐怖を語る』119頁。

（5）同前、小笠原『スノーデン、監視社会の恐怖を語る』116頁。
（6）同前、小笠原『スノーデン、監視社会の恐怖を語る』121頁。
（7）同前、小笠原『スノーデン、監視社会の恐怖を語る』123頁。
（8）『しんぶん赤旗』2017年5月18日。
（9）『JCLU Newsletter　404号』2017年10月。
（10）『朝日新聞』2009年7月10日朝刊。
（11）『時を貫く記録とその公文書管理の在り方～今、国家事業として取り組む～』
（12）高山正也編『公文書ルネッサンス』、国立印刷局、2005年、89頁。
（13）同前、高山『公文書ルネッサンス』27-42頁。
（14）三宅弘『原子力情報の公開と司法国家　情報公開法改正の課題と展望』日本評論社、2014年、204頁以下を参照。
（15）同前、三宅『原子力情報の公開と司法国家　情報公開法改正の課題と展望』。
（16）第142回国会衆議院内閣委員会・会議録11号、1998年、30頁。
（17）総務省行政管理局編『詳解上オフ公開法』24頁。
（18）第171回国会衆議院内閣委員会・会議録14号、2009年。
（19）『朝日新聞』、2015年11月24日。
（20）2011年11月28日オバマ大統領の政府記録管理に関するメモランダム。
（21）防衛文第11870号、2012年、9月。
（22）大島千佳『自衛隊の闇　護衛艦「たちかぜ」いじめ自殺事件の真実を追って』河出書房、2016年。

(23)「情報自由基本法の制定を求める意見書」、２０１６年2月18日付。
(24)その趣旨と詳細は日弁連２０１７年10月６日の人権大会決議参照。
(25)三宅弘「調査報道でジャーナリズム魂を示せ」『新聞研究』２０１７年9月号。

第2章　プライバシーの保護と改正個人情報保護法

1　インターネット上のデータ監視の禁止とプライバシーの保護

日本の民間部門においては、「個人情報の保護に関する法律」（個人情報保護法）が個人情報・プライバシー権を保護し、個人の権利利益を保護することとされています。個人情報保護法は、2015年に改正されて、民間部門における個人情報・プライバシーの保護は充実したものとなりつつあります。しかし、行政機関などの公的部門では未完です。以下では、日本におけるプライバシーの保護の歴史を振り返り、個人情報・プライバシー保護の法制度がインターネット上のデータ監視の禁止に役立つか役立たないかを検証してみましょう。

プライバシーの権利は、「ひとりで放っておいてもらう権利」として、アメリカの判例において発展してきました。

日本においては、プライバシーの権利は、憲法13条の「幸福を追求する権利」を主要な根拠として、個人の私的領域に他者を無断で立ち入らせないという自由権的、したがって消極的なものと理解され、判例・通説によって認められてきました。

かつて、小説『宴のあと』にかかわる事件が、プライバシーの侵害は民法上の不法行為を構成するという判例を生み出す契機になりました。これは、外務大臣の経歴をもつ主人公が有名な料亭の女将と結婚し、東京都知事選に出馬し敗れたのち、離婚するに至る経過を描いた小説です。『宴のあと』事件第一審判決（東京地判1964（昭和39）年9月28日下民集15巻9号2317頁）は、私法上の権利（人格権）の一つとしての権利であると同時に、憲法に基礎づけられた権利であることを認めたうえで、プライバシー侵害の要件として、公開された内容が、①私生活上の事実または事実らしく受けとられるおそれのあることがらであること、②一般人の感受性を基準にして当該私人の立場に立った場合、公開を欲しないであろうと認められることがらであること、③一般の人々にいまだ知られていないことがらであること、という三要件を提示し、プライバシーの権利の侵害があったと判示しました。

私法上の権利として認められた、人格権の一つとしてのプライバシーの権利は、「何人も、その承諾なしに、みだりにその容ぼう・姿態を撮影されない自由」（京都府学連事件最判1969（昭和44）年12月24日刑集23巻12号1625頁）、「前科・犯罪経歴は人の名誉・信用にかかわり、これをみだりに公開されないのは法律上の保護に値する利益」（前科照会事件最判1

981（昭和56）年4月14日民集35巻3号620頁）等、最高裁判決によって憲法上の権利としても確立しました。前者はデモ行進を撮影した警察官に対し、抗議行動により全治1週間の傷を負わせたため、傷害・公務執行妨害罪で起訴された事件ですが、最高裁は有罪としたものの、一般論として、「個人の私生活上の自由」に含まれるものとして肖像権を認めたものです。後者は会社の解雇をめぐる争訟で京都市中京区長が犯罪歴を弁護士法23条の2の手続に基づき開示したことから、その是非について争われた事件です。日本は、前科・犯罪経歴は弁護士法23条の2に基づく照会に応じて許されないものではないけれども、その取扱いには格別の慎重さが要求されるとしたものです。犯罪の種類、軽重を問わず前科等の全てを報告することは、公権力の違法な行使にあたるとされました。

プライバシーの権利はさらに、高度情報通信社会の進展にともない、「自己に関する情報をコントロールする権利」（情報プライバシー権）と捉えられて、プライバシーの保護を公権力に対して積極的に請求していくという側面が重視されるようになってきています。

この権利の側面は、個人情報保護の基本法制によって、本人の情報についての開示・訂正ないし利用停止を求める権利として具体化されています。加えて、「忘れられる権利」が認められるか、議論されています。

また、スノーデン・ショックからは、プライバシー権が個人の尊重にとって不可欠な私的領域における人格的自由を実現するとともに、表現の自由の不可欠な前提条件となっており、私的領域における個人の主体的な自己実現があってこそ初めて自由な表現行為に到達できることが認識されました。インターネット上のデータ監視の禁止の基礎に、このようなプライバシーの権利があることを十分に知っておくべきでしょう。

2 個人情報保護の基本法制

個人情報の保護に関する法律（個人情報保護法または本法）は、高度情報通信社会の進展に伴い個人情報の利用が著しく拡大していることを鑑み、個人情報の適正な取扱いに関する努力義務としての基本理念等を定めるとともに、個人情報取扱事業者の遵守すべき法的義務を定めることにより、個人情報の有用性に配慮しつつ、個人の権利利益を保護することを目的として（1条）、２００３年5月に制定されました。

これに先立ち、１９９９年8月13日の第１４５回通常国会で住民基本台帳法改正法案が可決され、住民基本台帳ネットワークシステム（住基ネット）が導入されましたが、その際附則１条2項で、民間部門を含む個人情報保護の制度化が要請されました。

個人情報保護法は、総則で、冒頭述べた立法目的（1条）の他、個人情報が個人の人格尊重の理念の下に慎重に取り扱われるべきものであるということに鑑み、「個人情報は、その適正な取扱が図られなければならない」（3条）と定めて、個人情報保護法制の基本理念を明らかにしました。

さらに、この理念を実現するため、「個人情報取扱事業者」を定義した上で（2条3項）、この者に対し、情報収集の際の利用目的制限（16条）、情報の第三者提供の制限（23条）、当該個人から本人情報開示請求があった場合の情報開示義務および訂正・利用停止の請求があった場合の応諾義務等の具体的な義務を課しました（後述する2015年改正後の28条〜30条など）。

一方で報道機関等につき、一定の目的で情報を取り扱う限りにおいて、上記義務の適用除外とする場合があることも定めています（改正後の76条）。

上記義務の履行の確保については、各業界で個人情報保護指針を策定し、また認定個人情報保護団体が個人情報取扱事業者の個人情報の取り扱いに関する苦情の処理を当該事業者とは別に行なうことを定めるとともに（改正後の51、52条）、当該事業者が上記義務に従わない場合は、2015年改正により創設されて当該事業者を所管する個人情報保護委員会が改善または中止の命令をはじめ、改善のための措置をとることができ（改正後の42条）、改善または中止の命令に従わない場合は6カ月以下の懲役または30万円以下の罰金を課す旨を定めています（改正後の84条）。

3　行政機関と地方公共団体の個人情報保護制度

国あるいは地方公共団体等の公的部門においても、2003年3月、新たに53条から57条までの罰則を付けた新しい「行政機関の保有する個人情報の保護に関する法律案」が国会に提案され、個人情報保護法と共に、両議院で可決され、2003年5月制定の旧行政機関法が改正されました（以下、この新しい行政機関法を「行政機関個人情報保護法」）。

地方公共団体が保有する個人情報については、2008年4月1日段階で、47都道府県、1811市区町村（当時）のすべての地方公共団体において個人情報保護条例が制定され、その適正な取扱いが図られています[1]。

地方公共団体においても、個人情報保護法5条をふまえて、新しい行政機関個人情報保護法をも参考として、各地方公共団体で個人情報保護条例の制定・見直しなどの取り組みが行われてきました。

他方、住民基本台帳法（住基法）の改正により、住民基本台帳ネットワークシステムが構築されて、氏名、生年月日、性別、住所の基本4情報が、総務大臣が指定する指定情報処理機関（いわゆる全国センター）へ送信されることになりましたが、地方公共団体では個人情報保護条例、指定情報処理機関では個人情報保護法と住民基本台帳法、国の行政機関では行政機関個人情報保護法、法律末尾の別表に記載された独立行政法人等については独立行政法人等個人情報保護法が適用され、それぞれ個人情報としての保護を図ることとなりました。

２０１６年には、個人情報保護法の２０１５年改正による匿名加工情報の作成・提供の規制に伴い、行政機関非識別加工情報の作成・提供の規制が定められました（44条の２〜44条の16）。しかし、行政機関個人情報保護法では、依然として「国の安全、外交上の秘密その他の国の重大な利益に関する事項を記録する個人情報ファイル」（同法10条2項1号）や「犯罪の捜査、租税に関する法律の規定に基づく犯則事件の調査又は公訴の提起若しくは維持のために作成し、又は取得する個人情報ファイル」（同2号）は、その保有について、行政機関の長が総務大臣にこれらのファイルの保有を事前通告する対象から除外しています。また、刑事事件や少年保護事件の犯罪歴等については、行政機関個人情報保護法の適用が除外されています（同法45条）。いわゆる共謀罪等の捜査において、個人情報の収集については、行政機関個人情報保護法の規制が及ばないことは、日本の個人情報保護法制の最大の欠陥です。これについては、第3章で詳しく述べます。

4　個人情報保護についての最高裁判所の判断

２００３年の個人情報保護法制の整備に伴い、最高裁判所も、最判２００３（平成15）年9

月12日民集57巻8号973頁の多数意見において、プライバシーの概念を明記して、個人情報がプライバシーに係る情報の積極的側面として法的保護の対象となることを宣言しました。

早稲田大学名簿提出事件では、江沢民中華人民共和国国家主席の早稲田大学での講演についての参加希望学生の名簿を、学生の同意を得ることなく、警察署に提出したことが問題となりました。最高裁判決は「このような個人情報についても、本人が、自己が欲しない他者にはみだりにこれを開示されたくないと考えることは自然なことであり、そのことへの期待は保護されるべきものであるから、本件個人情報は、上告人らのプライバシーに係る情報として法的保護の対象となるというべきである」としたうえで、「このようなプライバシーに係る情報は、取扱い方によっては、個人の人格的な権利利益を損なうおそれのあるものであるから、慎重に取り扱われる必要がある。本件講演会の主催者として参加者を募る際に上告人らの本件個人情報を収集した早稲田大学は、上告人らの意思に基づかずにみだりにこれを他者に開示することは許されないというべきである」と判示しました。

この最高裁判決は、学生の氏名、学籍番号等のいわゆる「プライバシー外延情報」も法的保護の対象となることを認めた点において重要です。

個人情報保護法は、その後、衆参両院の個人情報の保護に関する特別委員会の附帯決議（衆議院第6項、参議院第6項）により、全面施行後3年を目途とする施行状況についての検討を加え、国民生活審議会個人情報保護検討部会において見直し作業を行いました。

しかし、個人情報保護法を誤解して過度に個人情報を保護し必要な情報公開を差し控えて情報隠しをする、いわゆる「過剰反応」に対しては、「現行の法についての的確な理解を図ることで、法に合致した形の国民のプライバシーや個人情報保護の意識を醸成することが先決である」とされて、個人情報保護法の改正までには至りませんでした。また、個人情報保護のための第三者機関も将来の課題とされたままでした。

一方、2で述べたとおり、民間部門については、2015年の個人情報保護法改正により「個人情報の適正かつ効果的な活用が新たな産業の創出並びに活力ある経済社会及び国民生活の実現に資するものであること」を目的（1条）に規定し、個人情報保護委員会が設置されました（59条）。しかし、3で述べたとおり、行政機関個人情報保護法については、国の安全、外交等（同法10条2項1号）や犯罪捜査等（同2号）についての個人情報ファイルは公表されず、犯罪歴については同法の適用除外（同法45条）とされています。残された大きな課題です。

他方、住民基本台帳ネットワークシステム（住基ネット）の憲法適合性が争われた最判2008（平成20）年3月6日民集62巻3号665頁は、被上告人らが、行政機関が住基ネットにより被上告人らの個人情報を収集、管理又は利用することは、憲法13条の保障する被上告人らのプライバシー権その他の人格権を違法に侵害するものであるなどと主張して、被上告人らの住民基本台帳を保管する上告人に対し、上記の人格権に基づく妨害排除請求として、住民基本台帳からの被上告人らの住民票コードの削除を求めた事案について、以下の合憲の判断を下しました。控訴審である大阪高判２００６（平成18）年11月30日判例時報１９６２号11頁が住基ネットの運用の差止めを認めたのに対し、原告らの逆転敗訴となったのです。この控訴審を大阪高判と対比しながら紹介しましょう。

①保障されるべき人権規定について、大阪高判が、憲法学の通説的見解であるアメリカにおけるプライバシー権の発展の他に、格調高い西ドイツ連邦憲法裁判所の国勢調査判決（後述91頁）なども参考として、プライバシーの積極的側面として自己情報コントロール権を構成するのと比べ、この最判は、消極的な側面としての自由権に限定した権利を認めるにとどまっています。

②取り扱う情報の性質について、この最判は、「住基ネットによって管理、利用等される本人確認情報は、氏名、生年月日、性別及び住所から成る4情報に、住民票コード及び変更情報を加えたものにすぎない」と判示しています。

③行政目的の正当性や情報漏えいの危険性について、この最判は、その具体的危険性を否定しました。

④目的外利用の危険性について、この最判は、行政機関個人情報保護法が個人情報保護の一般法であり、住基法が特別法であるという関係に立つことを明言したうえで、目的外利用の危険性を否定しました。

⑤データマッチングの危険性について、この最判は、前提となる事実認定と危険の認識度において大阪高判と異なり、その具体的危険を否定しました。

この最判の事例にみるような一連の住基ネット差止訴訟は、氏名、生年月日、性別及び住所の基本4情報のネットワークシステムの構築だけをとっても、プライバシー保護の観点から、日本国民の厳しい拒絶反応を生じさせたことを明らかにしています。

同時に、この最判も、無限定的に住基ネットが合憲であると判示したのではなく、取り扱う情報の性質、行政目的の正当性、情報漏えいの危険性、目的外利用の危険性、データマッチングの危険性の観点などから、住基法に基づき設置されている本人確認情報保護委員会が個人情報保護の第三者機関として有効に機能することをも前提として、限定的に合憲解釈をしたにとどまることに留意しなければなりません。インターネット上のデータ監視の禁止やGPS捜査などの犯罪捜査の透明性を検証するうえでの重要な視点です。

5　社会保障・税の共通番号制度と個人の保護

民主党政権は、政府・与党社会保障改革本部を立ち上げ、2011（平成23）年1月に、「社会保障・税に関わる番号制度についての基本方針」（以下、「基本方針」）を決定しました。

この基本方針によれば、住民票コードの付番履歴を有する日本国民及び中長期在留者、特別永住者等の外国人住民を対象として、一人ひとりに番号を割り振って年金や医療、介護、所得などの個人情報を一つにまとめる「共通番号制度」（以下、「共通番号」または「社会保障・税共通番号」）を実施するというものでした。２０１１年６月には「社会保障・税番号大綱」を公表し、２０１１（平成23）年10月29日に、内閣から国会に「行政手続における特定の個人を識別するための番号の利用等に関する法律案」が提案され、その後、自公政権への交代の後に、一部修正提案のうえ、２０１３（平成25年）年５月24日に可決成立しました（以下、「共通番号法」）。「社会保障・税共通番号」の仕組みについては、民主党政権の当初は以下のとおり構想されました。

◎必要な仕組みとして、新たに国民一人ひとり（在留外国人を含む）と法人について唯一無二の民―民―官で利用可能な見える「番号」（以下、「番号」）を最新の住所情報と関連付けて付番する。

◎これによって、情報連携（複数の機関において、それぞれの機関ごとに「番号」やそれ以外の番号を付して管理している同一人の情報を紐付けし、紐付けられた情報を活用すること）と、本人確認（個人が「番号」を利用する際、利用者が「番号」の持ち主であることを証明するための本人確認（公的認証））を可能とする。

◎この付番のために、住基ネットを活用した新たな番号を創設する。
◎「共通番号制度」の真の狙いは、国家財政の破綻を消費税導入によって切り抜けようとしているところにあるが、消費税は所得の低い人ほど負担感が重い「逆進性」があり、増税時には低所得者対策が必要であるところ、そのために「給付付税額控除」の導入を目指している。
◎しかし、それには低所得層の収入の把握が不可欠である。
◎また、国民年金と厚生年金を一元化するとなると、自営業者などの所得をより正確に把握することも必要となる。
◎それにとどまらず、個人の所得をより正確に把握し、低所得者や重病者など、公的な支援が必要な人たちにきめ細かい行政・福祉サービスを提供しようとするためには、年金、医療、介護、所得などの一体的管理が必要であると考えられている。

これらの点は、基本方針では、その共通番号制度化の理念として、①より公平・公正な社会の実現、②社会保障がきめ細やか且つ的確に行われる社会の実現、③行政に過誤や無駄のない社会の実現、④国民にとって利便性の高い社会の実現、⑤国民の権利を守り、国民が自己情報をコントロールできる社会の実現、と謳われていました。

以上の立法事実をふまえて、自公政権で成立した「行政手続における特定の個人を識別するための番号の利用等に関する法律案」の概要を確認しましょう。

第一に、住基ネット訴訟にみられたように、国家による国民の監視・監督について、国民の厳しい拒絶反応や懸念が生じていましたが、これを払拭するための対応策として、保有機関ごとのデータベースによる分散管理型とし、容易に名寄せ・突合できないシステムとして、国家により個人に関する様々な情報が共通番号をキーとして名寄せ・突合されて一元管理されることを防止しています。同時に、政府から独立した第三者機関として個人番号情報保護委員会（後述のとおり個人情報保護委員会に改組）を設置し、この委員会が、番号制度の目的を離れたデータマッチング等を政府が行っていないかなどの観点から、政府を監視・監督します（法36条〜56条）。

また、共通番号をキーとしたデータマッチングにより、秘匿性の高い個人情報が生成され、外部に漏えいするというプライバシーの侵害についての懸念に対しては、利用目的の特定、目的外利用・提供の制限等、番号自体の収集制限、情報提供等の記録、秘密の管理、秘密保持義務などを規定すると共に（法19条〜25条）、これらの義務違反に対しては、第三者機関による監視・監督、罰則の強化（法67条〜77条）をもって実効性を図ります。

さらにこれらの懸念に対して、事前事後のチェックとして、特定個人情報保護評価（法27条）の実施と自己情報へのアクセス記録の確認（法22条）等本人関与の強化を図ります。

このうち第三者機関としての個人番号情報保護委員会については、国の行政機関の他、地方公共団体及び番号を取り扱う民間事業者も監視の対象とするため、個人情報保護法、行政機関個人情報保護法、独立行政法人等個人情報保護法、個人情報保護条例の分野横断的な特別の機関となることもあわせ考慮のうえ、強力な権限を有するものとして、国家行政組織法3条に根拠をおく、いわゆる三条委員会とされていました（法36条～56条）。公正取引委員会などの同様の独立した権限を有する委員会です。この特定個人情報保護委員会が2015年の個人情報保護法改正において改組されて、民間部門の個人情報保護全般を対象とする個人情報保護委員会が生まれました。

また、社会保障及び税の分野の番号に係る個人情報を監視の対象とし、将来的に対象の拡大を目指すことも提案されています。そしてその権限や機能については、普及啓発、資料の提出・説明・報告等を求める権限、助言・指導・勧告、民間事業者に対する命令権限、調査を行う権限、情報連携基盤を常時監視する機能・権限、立入検査権限、国の行政機関などに対する措置要求の手続等が盛り込まれています（法50条～56条）。

本人による自己情報のアクセス及びアクセス記録の確認については、現行の個人情報保護法制を前提としつつ、マイ・ポータル（通称：マイ・ナンバー）を通じた番号に係る個人情報の開示、訂正及び利用停止の請求をすることができます（法29条～31条）。第3章9で関連して述べます。

6　個人情報の保護による個人の保護とパノプティコン社会の防止策

当初の基本方針は、「行政にとっても、国民それぞれの実情にあったサービスを提供するための前提としての正確な本人の特定ができず、したがって、真に手を差し伸べるべき人にセーフティネットの提供が万全ではなく、不正行為の防止や監視が必ずしも行き届かない状況にある」として、社会保障・税共通番号制を導入することで、個人の保護をはかろうとするものでした。

しかし、5で述べた、国家による国民の監視・監督についての懸念、秘匿性の高い個人情報が外部に漏えいするというプライバシー侵害についての懸念、共通番号の不正利用等による財産的被害の発生の懸念は、個人情報の保護のための様々な施策を必要としています。

市民間での個人情報の流通は抑制され、中央の政府だけが市民の個人情報を取得・利用して監視するという状況、すなわち全方位監視型社会（独房が円形に配置され中心に監視所が設けられた刑務所の形式の比喩としてパノプティコン社会と呼ばれる）を比喩として用い、これを前提として、次の概要のとおりの個人情報を取り巻く現状があります。

①日本では、国（行政）が大規模に国民と在留外国人（市民）の個人情報の取得・利用で

きる状況が実現しつつあります。すなわち、住民基本台帳ネットワークの稼働により、市民の個人情報をデータベース化する基礎が整えられました。加えて、納税者番号制度の早期導入が検討されて、マイナンバー（共通番号制度）として実施され、個人の収入支出といった情報も詳細に把握されます。

② また、監視カメラは街中に増加しつつあり、これと顔貌認識システムを組み合わせて、特定人の行動を追跡することが技術的に可能となりつつあります。自動車での行動については、すでに自動車ナンバー自動読み取り装置（Nシステム）が主要な道路に設置されており、特に犯罪の嫌疑のない車両についても警察において自動的に記録されています。アメリカで行われているように、クレジットカード利用履歴やウェブサイトの閲覧情報など、民間が保有する大量の情報を犯罪捜査やテロ防止といった名目で政府が取得することも容易です。

③ 他方で、日本の個人情報保護法は、全ての個人情報につき原則とし流通を抑制する方向で規定されています。個人情報保有者（多くは行政や大企業）が、個人情報保護を理由に簡単に情報提供を拒むことができ、情報を求める者（多くは一般市民及び報道・研究関係者）は、合理的な理由があっても多大な労力を払って積極的に動かないと、有益な個人情報の取得ができない状況になっています。これにより、民間では、個人情報の流通が過度に抑制された状態です。

④加えて、個人情報保護法の制定後、いわゆる過剰反応として過度に個人情報を秘匿する対応も見られます。２００５年４月25日に発生したＪＲ西日本の福知山線の事故に際してＪＲ西日本が死傷者の搬送先などの情報提供を拒んだり、法施行後広く小中学校のクラスの緊急連絡網が作成されなくなったりした例です。

7　自己情報コントロール権の再構成とＩＴ基本権の確立を

「共通番号」の制度化にあたっては、改めて、個人情報の保護の目的についての憲法上の権利からの根拠付けが必要です。

かつて、個人情報保護法の制定過程においては、当時の野党提出の「個人情報の保護に関する法律案」（枝野幸男衆議院議員ほか8名提出）は、その目的を「個人情報の取得、利用、第三者に対する提供等に関し本人が関与することとその他の個人の権利利益を保護すること」として、自己情報コントロール権の基本的な考え方を提案したことがありました。

また、従前「従来の伝統的な『一人にしておいてもらう権利』とする消極的・受動的なものから現代的な『自己に関する情報の流れをコントロールする権利』とする積極的・能動的な要素を含むものへと展開してきている」とまとめられましたが、論者の一人である堀部政男・一橋大学名誉教授（現個人情報保護委員会委員長）からは、「コントロールが困難な状況にある」ことから「最新テクノロジーとの関係では、自己情報保護期待権を明確に意識し、損害が生じたと感じる場合には、保護のメカニズムの発動を要請すべきである」との提案もなされました。

もっとも、後述第3章9のとおり、2015年の個人情報保護法改正によって、同法25条の本人情報開示請求権についての裁判規範性が確認された状況においては、まずは自己情報コントロール権の権利としての内容を、個人情報保護法制上の本人情報開示請求権、訂正請求権、利用停止請求権として具体化されているものと理解し、これがクラウド・コンピューティングなどの最新テクノロジーとの関係において、裁判上もどこまで権利として認められるか、またこれによって個人情報の保護が個人の保護に直結する関係を創り出せるかという議論をしていくことが依然として有効かつ必要であるように解せられます。

とりわけ、社会保障・税の共通番号制を4で述べた住基ネットの限定的な合憲性から論じると、「これらの情報（氏名等の本人確認情報）は、本人を特定する『鍵』の役割を果たすにすぎないのであって、住民票コードがこれらの情報に一対一で対応させられることにより、膨大な個人データの集積や分析が物理的に可能ないし容易になる、ということの是非」を現実に問うこととなっているのです。

個人情報保護法25条の文言が修正され、改正後の同法28条によって自己情報開示請求権が容易に読み取れる規定になりました。さらに、自己情報訂正請求権（改正後の同法29条）や利用停止請求権（同30条）について憲法13条に由来するプライバシー権の積極的側面としての自己情報コントロール権を具体化したものとして、権利行使を確定していく必要があります。

そしてその特別法として社会保障・税の共通番号制の制度化を検討するのであれば、第三のプライバシー論や「忘れられる権利」が論じられる現状をふまえて、立法論、制度論としては、犯罪捜査等を理由とする適用除外事由を最小限度に絞り込んだうえでの自己情報へのアクセス権をシステムとして制度化するとともに、プライバシー侵害を政府から独立した第三者機関において事前に評価し、かつ個別具体的に（1万円単位までの損害賠償の認定などきめ細やかな）事後救済を図ることなどが必要不可欠でしょう。

このことは、社会のパノプティコン化（全方位監視社会化）を防止するためにも重要な点です。また、社会のパノプティコン化を防止するためには、日本においてもＩＴ基本権（情報技術システムの機密性と不可侵性の保障に対する基本権）を確立することが必要でしょう。

8　個人情報保護法の改正からＩＴ基本権の確立へ

個人情報保護法は２０１５年に改正されましたが、この改正は、高度通信社会における近年の情報通信技術の飛躍的な進展に伴い、個人情報の利用が著しく拡大していること、特に、個人情報の適正かつ効果的な活用が新たな産業の創出ならびに活力ある経済社会と豊かな国民生活の実現に資するものであるとして、個人情報の有用性をこれまで以上に具体的に配慮しつつ、同時に、プライバシーを中核とする個人の権利利益を保護することを目的とするものです。

具体的には、以下の①から⑤までが、主なポイントです。

①「個人識別符号」、「要配慮個人情報」、「匿名加工情報」の定義

②個人情報保護委員会の設置

③個人情報の取扱いのグローバル化による外国の事業者に対する適用関係の明確化

④名簿業者に対する規制と個人情報漏えい事件への対応

⑤その他の重要な改正事項として、5000件以下の個人情報を取り扱う小規模事業者も個人情報取扱事業者として個人情報保護法第4章の義務が課されることなど。

これらの改正内容を、より具体的に述べますと、以下のとおりです。

（1）「個人識別符号」、「要配慮個人情報」、「匿名加工情報」の定義

個人情報保護法第1章2条の個人情報の定義において、従前からの「個人情報」の他に、文字、番号、記号その他の符号による「個人識別符号」、本人に不利益が生じないように取扱いに特に配慮を要する「要配慮個人情報」、さらには特定の個人を識別できないように加工された「匿名加工情報」を定義し、本法に基づく保護の対象としています。保護される「個人情

報」の範囲が明確になりました。

（2）個人情報保護委員会の設置

個人情報保護法第4章個人情報取扱事業者の義務等で規定された個人情報取扱事業者を監督する主務大臣制を廃止し、番号法で設けられた特定個人情報保護委員会を改組した個人情報保護委員会を設置し（初代委員長は堀部政男・一橋大学名誉教授）、事業者に対して一元的な監督を行います。民間部門に限ってではありますが、日本にも、ヨーロッパやカナダ並みに個人情報保護を目的とする第三者機関が誕生しました。

（3）個人情報の取扱いのグローバル化による外国の事業者に対する適用関係の明確化

データ流通のグローバル化に対応するため、個人情報保護法第4章に24条（外国にある第三者への個人情報の提供の制限）を新設するなどして、外国の事業者に対する同法の適用関係を明確化して、従来からの疑問を解消するとともに、事業者から外国の第三者に対する個人情報の提供を規制することとしています。

（4）名簿業者に対する規制と個人情報漏えい事件への対応

従前から課題とされた名簿業者に対する規制であるとともに、昨今の個人情報の漏えい事件にも対応するものとして、個人情報の漏えいが生じた場合に、漏えいした個人情報の流通経路をたどることができるように、個人情報保護法第4章に25条で第三者提供にかかる記録の作成等を義務付けるとともに、26条で個人データの提供を受けるに際しての確認事項を定めることとされています。同時に、第7章罰則において、83条（個人情報データベース等の不正図利目的提供・盗用罪）を新設し、不正に個人情報を提供した場合の罰則を設けました。

個人情報保護法の制定時から、名簿業者の規制の是非が論じられていましたが、改正法を検討している最中の2014年7月に、主に小学生を対象とする大手通信教育会社から業務委託を受けた業者の従業員が、同大手会社が長年にわたり管理するデータベースからスマートフォンを用いて約2895万件の個人情報を不正に持ち出して名簿業者に販売するという事件が発生しました。これを契機に、上記の条項を新設するなどして名簿業者を規制するとともに、個人情報の保管、管理に一層の保護が図られることとなりました。

（5）その他の重要な改正事項

5000件以下の個人情報を取り扱う小規模事業者も、個人情報取扱事業者として個人情報保護法第4章の義務が課されることとなりました（改正前の2条5項5号の削除）。個人情報の漏えいは事業規模の大小を問わないことによるものです。個人情報保護法が対象とする事業者の範囲が格段に増加しました。

また、個人情報を取得したときの利用目的から新たな利用目的へ変更することを制限する規定が緩和されました（15条2項）。個人情報を産業の創出や活力ある経済社会と豊かな国民生活の実現に資するようにするためです。その反面で、オプトアウト規定による第三者提供をしようとする場合には、データの項目等を個人情報保護委員会へ届け出ることとし、委員会はその内容を公表します（改正後の23条1項～4項）。

そして、本人情報の開示・訂正・利用停止請求権が裁判所においても主張することのできる裁判規範であることを明示しました（改正後の28条・29条・30条の各1項）。これらの請求権は、私たち市民が監視社会に抗するためにとても大切な点です。第3章9で説明します。

9　共謀罪廃止を求め共謀罪捜査からプライバシー・表現の自由を護る

本節では、いわゆる共謀罪法案を含む改正組織犯罪処罰法の採決強行の状況において、共謀罪廃止を求め、人々のプライバシーや表現の自由をいかに護るかについて考えたいと思います。

２０１７年6月15日、参議院本会議における中間報告の後に、法務委員会採決による十分な審議もないままに、「共謀罪法案」の採決が強行されました。「組織的犯罪集団」「計画」「実行準備行為」の要件が無限定であることから、一般市民が捜査の対象になるのではないか、２７7におよぶ計画段階の犯罪の成否を見極めるために、メールやＬＩＮＥを対象として共謀の疑いの捜査が必要となり、秘密保護法の適用と合わせ、通信傍受の拡大など監視社会を招集しかねないのではないか、そのような不安が広がっています。共謀罪反対運動においては、普段は、純粋に刑法学等の探求に従事されている高山佳奈子・京都大学教授などが、「共謀罪法案」の危険性を、次のとおり訴えました。

①英米法で発展してきた「共謀罪（処罰法制）」は、犯罪の計画を独立に処罰するものであって、日本の刑事法の体系とは異質である。これまでも組織犯罪対策として機能した現行刑法における共謀共同正犯でも、予備・未遂が処罰される類型では予備・未遂を成立させる行為であることが必要。

②共謀罪法は、国連国際組織犯罪防止条約（パレルモ条約）を締結するためと言われながら、一方で、マフィア対策とされる条約によって要求されていない範囲にまで広く処罰を及ぼそうとしている。他方で、マフィア対策と考えられる、公権力を私物化する罪（政治資金規正法違反の罪など）や、民間の汚職などの経済犯罪が対象犯罪から除外されており、それぞれ条約に合わない内容となっている――パレルモ条約は英米流の共謀罪立法を必須としてはいない。

③「五輪開催決定を受けて13年12月に閣議決定した政府の治安対策に関する行動計画『「世界一安全な日本」創造戦略』では、東京五輪を見据えたテロ対策を取り上げた章に『共謀罪』創設の必要性を明確に記した文言はない[2]」――共謀罪法にはテロのための条文が一つもない。

④テロ対策の国際条約は、外交官等保護条約（1977年発効）、人質をとる行為に関する条約（1983年発効）、爆弾テロ防止条約（2001年発効）、テロ資金供与防止条約（2002年発効）、核テロ防止条約（2007年発効）があり、これらを含む13の主要

国際条約及び議定書について、すべて国内法整備をすませ締結ずみである。テロ資金提供処罰法等、テロ対策の国内立法もその都度すませている。

⑤共謀罪処罰を導入すれば、警察の取締権限の範囲は拡大する。本来必要のない処罰規定を作ることにより、犯罪でなかったものを犯罪と呼び、違法でない行為や軽微な違法性しかない行為について、今まではなかった摘発が起きている。たとえば、山城博治（やましろひろじ）・沖縄平和運動センター議長の不当拘留として、２０１６年10月17日に沖縄県の米軍北部訓練場において、有刺鉄線を1本切ったとして器物損壊の疑いで逮捕、同20日には公務執行妨害と傷害の容疑で再逮捕、さらに、11月29日に名護市辺野古の米軍キャンプシュワブゲート前で、コンクリートブロックを積み上げて工場資材の搬入を阻んだとして、威力業務妨害の疑いで再逮捕と、軽微な犯罪での逮捕・勾留・起訴を繰り返した。最高裁は、２０１７年2月20日釈放抗告を認めない決定を下した。その後、同年3月18日に釈放されるまで拘留は約5カ月にも及んだ。

⑥組織的犯罪処罰法6条の２「①実行準備行為を伴う②組織的犯罪集団による重大犯罪遂行の③計画」の無限定――①準備行為について、計画に基づき行われるものに限定したとしても、準備行為自体は法益侵害への危険性を帯びる必要がないことに変わりなく、犯罪の成立を限定する機能を果たさない。②団体の一部が性格を一変させた場合も対象になることから、犯罪主体がテロ組織、暴力団等に限定されることになるものではない。

③ある場所に行くことが、犯罪の準備行為なのか、散歩なのかの違いは「目的」という内心の部分にかかる。

⑦対象となる犯罪が277に減じられたとしても、組織犯罪やテロ犯罪と無縁の犯罪が依然として対象とされている。

⑧「共謀罪は将来通信傍受の対象になりうる」（金田法務大臣）というが、通信傍受（盗聴）の対象犯罪が大幅に拡大された場合、電子メールも含めた市民の日常的な通信が傍受されかねない。会話盗聴や身分秘匿捜査官の投入といった、歯止めのない捜査権限の拡大につながるおそれがある。さらに密告の奨励につながりかねない――極めて軽微な違法行為の疑いで、強制捜査によって大幅な人権の制約が行われる事案が相次いでいる。

⑨スノーデン氏（アメリカ国家安全保障局（NSA）と中央情報局（CIA）の元職員）の警告――米国が世界中のインターネットユーザーの個人情報を収集していたことや、日本を含む諸外国の公的機関及び私企業・私人宅の盗聴を行ってきたこと、米国の機密文書を2013年に公表し、米国の行為を告発した――特定秘密保護法をデザインしたのは米国であり、「テロ」は口実であって、米国の監視体制は米国への協力者や無関係な人々まで対象にしている。それゆえ、共謀罪立法の成立が、警察の権限を拡大し、不正疑惑から国民の目をそらし、米国の世界戦略を利する効果を有するのではないか。

⑩共謀罪がなくても、殺人目的で凶器や薬品などを準備すれば殺人予備罪。殺意がなくて

も、爆発物取締罰則、ハイジャック防止法、テロ資金提供処罰法、原子炉規制法、化学兵器禁止法、細菌・毒素兵器禁止法、サリン法、毒物劇物取締法、銃刀法、特定秘密保護法、詐欺罪、建造物侵入罪、凶器準備集合罪、ウィルス作成罪、電磁的記録不正作出未遂罪、電子計算機損壊等業務妨害未遂罪、偽計業務妨害罪、ドローン無許可飛行罪などで処罰可能。(3)

採決強行されたのは、2017年3月政府提出にかかる「組織的な犯罪の処罰及び犯罪収益の規則等に関する法律」の一部改正法案（改正組織犯罪処罰法案）の6条の2でした。これを逐条分析しますと、①から⑦の要件で構成されています。

①長期4年以上の刑を定める犯罪のうちテロリズム集団その他の組織犯罪集団の団体の活動としての別表四の277の犯罪について、

②組織的犯罪集団とは、その結合関係の基礎としての共同の目的が別表三（277の犯罪）の罪を実行することにある団体、

③当該行為を実行するための組織により行われるもの、

④遂行を計画した者、

⑤その計画をした者のいずれかによりその計画に係る犯罪の実行のための資金、物品の取

得、関係場所の下見など計画した犯罪の実行の準備行為が行われたとき、
⑥当該各号に定める刑に処する。刑期、原則は懲役2年以下、死刑・無期・懲役10年以上の犯罪の共謀は懲役5年以下。ただし、犯罪の実行着手前に自首した者は、その刑を軽減し、又は免除する。

これまで、2003年3月、2004年2月及び2005年10月の政府提出の共謀罪法案、2006年4月21日の与党第1次修正案、同年4月28日の民主党（当時）修正案（同年6月1日に与党が丸呑みするとしたもの）、同年5月19日の与党第2次修正案、同年6月16日の与党修正議案（衆議院法務委員会会議録に参考掲載）などが公表されてきましたが、いずれも廃案となりました。

2016年8月と12月に与党議員に配布された資料に示された政府提出予定の新法案においては、6条案の2第1項の1号及び2号に掲げる罪は676と報じられましたが、最終的に上記①のとおり、別表四の277の犯罪となりました。

これに対する批判の核心は、「日本の刑法の原則というのは既遂が原則、未遂は例外、予備はごく例外、そして共謀は本当の例外」というところ、つまり277の共謀罪が処罰されることは、「刑法体系、私たちの国の刑罰制度の根幹を変えてしまう可能性のある重大な問題」という点にあります。(4)

実際、共謀罪は、監視社会化を促し市民を萎縮させる危険をはらんでいます。例えば、二人以上の者が犯罪を行うことを話し合って合意することを処罰検討する犯罪ですが、「『合意』というのは『心の中で思ったこと』と紙一重」であることから、「単に『疑わしい』とか、『悪い考えをもっている』というだけで、人が処罰される事態があり得る」のです。そのために、警察や情報機関が「日常的な会話や通話・メールなどで『合意』の内容を把握すること」になりますが、そのために通信傍受（盗聴）や会話傍受が幅広く求められること」になるのです。しかも、犯罪の実行着手前に自首（密告）した人には、必ず刑の減免が行われます（法6条の2第2項）[5]。この「合意」は、法6条の2によれば、組織的犯罪集団の活動として277の犯罪行為のいずれかを2人以上で計画することですから、警察や情報機関が「組織的犯罪集団」と決めた団体の構成員に着目して情報収集に当たると、本書の冒頭、スノーデン・ショックで説明した監視社会化がより一層促進されて、私的領域にかかるプライバシーが侵害され、必要な情報を知ったうえで考えて表現する自由も萎縮することは必至です。

上記①から⑤で示した法6条の2の犯罪成立の構成要件は、単なる「共謀」でないから、「組織的な犯罪集団」に関係のない一般市民は恐れるに足りないという立法担当者の説明があります。しかし、私たち日本社会は、かつて治安維持法、軍機保護法、国防保安法などによって、「壁に耳あり障子に目あり」、「もの言えば唇寒し」という社会、すなわち、特別高等警察（特高警察）が、アジア太平洋戦争を遂行していく過程で戦争に反対したり、政府に不服従だった市民を片っぱしから強圧した不幸な歴史を背負っています(6)。

治安維持法は、1925年3月に普通選挙法（衆議院議員選挙法）と同時に、社会変革を恐れた枢密院の圧力によって、帝国議会で成立した治安立法です。その後1928年に改正されるまでの、いわゆる1925年法では、「国体（若ハ政体）ヲ変革シ又ハ私有財産制度ヲ否認スルコトヲ目的トシテ結社ヲ組織シ又ハ情ヲ知リテ之ニ加入シタル者ハ十年以下ノ懲役又ハ禁固ニ処ス」（同法1条）が主要な内容でした。国体の変革は、天皇制を守ることを保護法益とするにとどまり、その制定までに廃案となった過激社会運動取締法案の「朝憲紊乱」や治安維持ノ為ニスル罰則ニ関スル件（勅令）の「安寧秩序の紊乱」よりも、また、私有財産制の否認も上記法案の「社会の根本組織の変革」よりも、それぞれはるかに狭いと、当初の立法にあたり説明されました。

しかし、治安維持法は、日本共産党、その周辺団体、合法的な無産政党から、大本教、創価学会、天理教、キリスト教などの宗教団体、学界、雑誌編集者、企画院のような政府機関にまで、その適用が拡大されてしまいました。その間、1928年には、田中義一内閣は緊急勅令で治安維持法の改正を行い、「国体の変革」の罪には死刑をも適用することとし、また、ある行為が結社の目的遂行のためになっていると当局がみなせば、本人の意図にかかわらず検挙できる「目的遂行罪」を付け加えました。1945年10月にGHQ指令で廃止されるまでに逮捕者は数十万人と言われていますが、正確な数字は不明です。逮捕によって自由な言論や出版は封殺されました。公安警察としてはこれで足りますが、さらに刑事警察としては7万人以上が送検され、刑務所や拘置所の獄死者は400人余に上ったとされます。これに対する憲法研究者らによる研究(7)がありますが、検察庁や裁判官にかかる司法としての徹底した責任が追及されてはいません。

治安維持法の廃止から72年目に採決強行された改正組織犯罪処罰法における、いわゆる共謀罪については、逐条分析した前記①「テロリズム集団その他の組織犯罪集団」の意義が不明確です。かつての治安維持法と同様の結末とならないように廃止を求める運動を続けると共に、海渡雄一弁護士が指摘するとおり、漠然不明確な故に無効の法理なども駆使して、もしも、「刑事事件が起きれば、その刑事事件を違憲訴訟として闘うこと」も必要です(8)。既に日本ではイスラム教徒であるということだけで、公安警察が日本人と外国人とを問わず、詳細な監視データを収集していることが露見しました。それらの監視データの内容から「組織的犯罪集団」として認定される危険は明らかです。

イスラム教徒のモスクの出入りを監視する公安警察のモスク監視活動がウィニーソフトに感染したパソコンから流出し、一般市民に対する監視活動が警察活動の漏えいという形かたちで明らかになったのが、その事例です。そこには容疑、家族交友関係、モスクへの出入状況、立ち寄り徘徊先、行動パターン概要などが克明に書かれています。これに対し、イスラム教徒17名が原告となって提起された国家賠償請求訴訟においては、東京地裁2014(平成26)年1

月15日判決・判例時報2215号30頁において、「本件モスク把握活動を含む本件の情報収集活動によってモスクに通う者の実態を把握することは、警察法2条1項により犯罪の予防をはじめとする公共の安全と秩序の維持を責務とされている警察にとって、国際テロの発生を未然に防止するために必要な活動である」、「イスラム過激派による国際テロを事前に察知して未然に防ぐことにより、一般市民に被害が発生することを防止するという目的によるものであり、イスラム教徒の精神的・宗教的側面に容かいする意図によるものではないと認められる」、「記録に当たり、強制にわたるような行為がされていない」などと、情報収集の合法性を認められています。この判決については双方が控訴しましたが、東京高裁2015（平成27）年4月14日LLI/DB判例秘書L07020141が、「このような情報の継続的収集、保管、分析、利用を一体のものとみて、それによる個人の私生活上の自由への影響を検討すべきではあるが、……本件情報収集活動に係る警察による一審原告らの個人情報の保有等について、憲法13条等に違反する点があるとはいえない」と判示しており、これに従えば、警察情報収集活動に対する規制ができていません。

このムスリム違法捜査事件をみるだけでも、公安警察の実態は明らかです。これについては、「現在の公安警察組織のように犯罪やテロと無関係なイスラム教徒を追い回し、頭から犯罪者やテロリスト扱いし、逆に憎悪と反感を煽っている現実は、極めて病的である。また、情報機関や治安機関なるものが強大な権限を握っている国家は、洋の東西や思想の左右を問わず、極めて暗い社会体制と直結していることも、これを機会に私たちは強く思い返すべきだろうと思う」と解説されていますが(9)、治安維持法についての徹底した責任追及がなされなかった日本においては、改正組織犯罪処罰法の拡大適用によって再び「極めて暗い社会体制」が出現することが、極めて危惧される状況です。

このイスラム教徒監視事件において、裁判所は、公安警察による国際テロ防止を目的とした情報収集は、警察法2条1項において犯罪の予防をはじめとする公共の安全と秩序の維持を責務とされている警察にとって、「強制力を伴わない任意手段による限り、一般的に許容されるべきである」から、本件情報収集活動は法律の留保の原則に違反しないと判示しています（前掲東京地判2014（平成26）年1月15日）。控訴審も、本件の情報収集活動は国際テロ防止のためにやむを得ない措置であるとした東京地判を追認し（前掲東京高判2015（平成27）年4月14日）、さらに最高裁も原告らの上告を棄却し、また上告不受理の判断を下しました（最判2016（平成28）年5月31日 LLI/DB 判例秘書 L07110140）。この結果、第1審の判断のうち情報が流出した点について被告東京都の合計9020万円の損害賠償責任が確定しましたが、情報収集自体は信教の自由を侵害していないという判示も確定しています。

しかし、公安警察による情報収集がなされることを知ってしまった以上、対象者は常に尾行されることを危惧し、信教その他の行動に萎縮が生じることは明らかであり、自己情報コントロール権の観点から疑問が残ります。そして、この危惧は、イスラム教徒にとどまるものではりません。

陸自情報保全隊事件。2007年6月、日本共産党が自衛隊の陸自情報保全隊（その後、自衛隊情報保全隊に組織変更）が作成した内部文書（A4判166頁）を暴露した事件です。これらの内部文書では、監視対象は41都道府県、289団体・個人がP（共産党）、S（社民党）、GL（民主党・連合系労組）、CV（その他の市民運動）、NL（新左翼）などに分類されて、2003年11月から2004年2月までの自衛隊のイラク派遣に反対する市民運動（市民集会、デモ行進等）、地方議会の動向、マスコミによる取材活動などが詳細に記載されていました。

仙台地判2012（平成24）年3月26日判例時報2149号99頁は、「遅くとも行政機関個人情報保護法が制定された平成15年5月30日までには、自己の個人情報を正当な目的や必要性によらず収集あるいは保有されないという意味での自己の個人情報をコントロールする権利は、法的に保護に値する利益として確立し、これが行政機関によって違法に侵害された場合には、国（被告）は、そのことにより個人に生じた損害を賠償すべきに至ったと解される」とし、原告5名については、「氏名、職業に加え、所属政党等の思想信条に直結する個人情報を収集しているのであって」、人格権を侵害されており、「情報収集等の目的、必要性等に関して被告から何ら具体的な主張のない本件においては、原告らが適法性を否定する事情として種々主張する事実の存否等について判断するまでもなく、前記各原告につき情報保全隊がした情報収集は、違法とみるほかない」と判示しました。

これに対し、控訴審の仙台高判２０１６年（平成28）年2月2日判例時報２２９３号18頁は、「自衛隊の施設等の情報保全業務（秘密保全、隊員保全、組織、行動等の保全および施設、装備品等の保全並びにこれらに関する業務）のために必要な資料および情報の収集整理および配布を行うこととされている自衛隊の情報保全隊において、収集の対象となる情報に個人に関する情報が含まれるとしても、そのゆえをもって直ちに個人の人格に関する権利利益が侵害されたということはできず、その法令上の根拠が明らかでないことから、直ちに、その収集行為が当該個人に対する関係で国賠法上、違法であるということはできない」、「この点を、判断するにあたっては、情報収集行為の目的、必要性、態様、情報の管理方法は、情報の私事性、秘匿性の程度、個人の属性、被侵害利益の性質、その他の事情を総合考慮する必要がある」と判示し、その総合考慮のうえ、情報保全隊に情報収集は、その情報の中に個人に関する情報が存在するとしても、そのことだけから直ちに違法性を有するものとはいえないとしつつ、１名の原告が行った、イラク派遣に反対するライブ活動について、「自衛隊若しくは隊員に対しての直接的な働きかけを伴う行動」とはいえず、「それ以上に同原告が公にしておらず、また、一般的に公になっていなかった本名および職業（勤務先）を探索する必要性は認め難い」として、同原告の「プライバシーに係る情報として法は保護の対象となるべき本名および職業（勤務先）について探索して取得、保有し、ひいては、経緯はともかく結果としてそれが明らかになっており、同原告のプライバシーが侵害されたと認めるのが相当であり、その情報の収集・

保有は違法」としました。高裁判決のうち、国の敗訴部分は、国が上告しなかったため、確定しました。また、原告75名の上告兼上告受理申立てについては、最決2016（平成24）年10月26日が上告棄却及び上告不受理の決定を言渡し、高裁判決が確定しました。

大垣警察署事件。岐阜県大垣市での風力発電施設建設をめぐり、同県警大垣署が事業者の中部電力子会社に対し、反対住民の過去の活動や関係のない市民活動家、法律事務所の実名を挙げて連携を警戒するよう助言したうえで、学歴、病歴、年齢などの個人情報を漏らし、企業と協議、情報交換していたことが明らかになりました。

大分選挙事務所監視事件。2016年7月の参議院選挙で、大分の野党統一候補と社民党党首の選挙拠点である平和運動センター事務所の出入りを監視するため、大分県警別府署員が選挙期間中、選挙違反の撤廃目的と称して、隠しカメラを設置して、人の出入りなどを録画していた事件です。実行警官らは、建造物侵入容疑で略式請求・罰金刑に処されました(10)。

いわゆる共謀罪法の制定により、公安警察は、組織的犯罪集団と認定した市民運動団体その他の構成メンバーについて、「共謀」と認定するために、様々な情報収集に及ぶことは必至です。また、山城博治・沖縄平和センター議長の不当拘留は、平和運動が組織的犯罪集団として共謀段階で処罰される危険を示しています。

諸外国では、この点をどのように考えているのでしょうか。ドイツを例として、以下、検討します。

10　ドイツにおける情報自己決定権・IT基本権の保障と日本のGPS任意捜査違憲最高裁判決

ドイツでは、連邦憲法裁判所において情報自己決定権やIT基本権の保障を宣言し、世界の情報法制の分野を牽引しています。他面、1960年代終わりから1970年代にかけては、テロ事件が頻発したことから、テロ犯罪を取り締まるための立法が行われました。さらに、2001年の9・11アメリカ同時多発テロ事件を受けて、テロの未然防止に重点を置き、警察や情報機関にさまざまな情報収集の権限を与える立法が行われています。国全体としては、戦前のナチス・ドイツの情報統制に対する反省と正面から向き合いつつ、「事前の情報収集や監視を積極的に法制化しようとする連邦議会と、国家の監視体制の行きすぎを抑制し、市民の自由を保障しようとする連邦憲法裁判所との間で、安全と自由の均衡が模索されている」ということです[11]。この状況は、いわゆる共謀罪法が採決強行のうえに制定された私たち日本の今後にとって、とても参考になると思われます。

とりわけ、ドイツにおけるテロ対策法捜査・情報収集に対する連邦憲法裁判所と連邦・州データコミッショナーによる規制などを参考に、日本においても、人々のプライバシーと表現の自由を護る方策を制度化すべきです。ドイツにおいては、ナチス・ドイツの反省をふまえて、連邦憲法裁判所が情報自己決定権やＩＴ基本権（ＩＴシステムの秘密性と完全性の保障に対する基本権）の保障を宣言し、また、住居内の録音録画やオンライン捜索については、通信の秘密や住居不可侵という基本権を侵害するため、法律上の要件を厳しくしなければならないと判示しています。これを受けて連邦刑事庁法や連邦憲法擁護庁法などが改正され、さらに連邦と州のデータコミッショナーが警察や情報機関によるテロ対策法捜査・情報収集に対して、プライバシーや表現の自由に対する侵害行為がないか等を調査し、収集データの削除要求をするという運用までなされているのです。

世界の情報法制の牽引という点では、国勢調査による自動的データ処理が人権侵害にあたるか問われた１９８３年12月15日の連邦憲法裁判所第一法定の国政調査判決（BverfGE65.1）があります。

そこには、「統一的な情報システムの構築により一当事者がその正確さや利用について十分に管理できないまま、他のデータ集合と結びついて、部分的あるいは完全な人格像（Persönlichkeitsbild）へと統合されうる。それによって、覗き（Einsichtnahme）や影響力行使の可能性が、これまで知られていない方法によって拡大し、その可能性はただ公の関心が持つ心理的圧力のみを通じて個人の行為に影響を及ぼすことになるのである。しかし、現代的な情報処理技術の前提の下でも、個人の自己決定は、ある行為について、その行為を実施するべきか思いとどまるべきかについて決定する自由が、その決定に従って、実際に行動される可能性も含めて個人に与えられていることを前提とする」と判示されています[12]。

この判旨は、情報法制分野において、「単に人権救済という効用にとどまることなく、それが同時に長期的視野からみた真理への接近という視点からも支持されうるものである[13]」と評価するべきでしょう。

ドイツにおいては、警察と情報機関とがテロ防止のための情報収集の権限を有しています。警察は、州警察、連邦刑事庁および連邦警察に分かれます。情報機関は、州の憲法擁護官庁と連邦擁護庁です。

２００２年１月１日施行の第２次テロ対策法によって、これらの情報機関に対して、民間の通信事業者や金融機関、航空会社から国際テロ防止のために必要な個人情報を収集する権限が付与されました。テロ犯罪の捜査は検察（州検察と連邦刑事庁）が行い、国内の治安は警察の任務ですが、２００６年12月31日にはテロ対策データベース法が施行されて、警察と情報機関が共同で運用するテロ対策データベースが作成されることとなりました。

また、２００６年12月20日には、ドイツのノルトライン＝ヴェストファーレン（ＮＲＷ）州は、州憲法擁護法（ＶＳＧ）を改定し、刑事訴追領域ではなく、公安的情報収集の領域[14]によりオンライン捜索を「インターネットの秘密の観察（Beobacht）その他の解析、とくにインターネット上のコミュニケーション装置（kommunikationseinrichtung）への秘密の関与若しくは当該装置への捜査のような措置、又は技術的手段を用いたＩＴシステムへの秘密の接続」として講ずることができることとしました（ＶＳＧ５条２項11号）。これに対し、市民が大連立政権の国内治安政策に対する政治的抵抗として、ＮＲＷ州憲法擁護法５条２項等が基本法に反し違憲無効であると主張して、憲法異議手続に付しました。これに対する連邦憲法裁判所第一法廷は、ＮＲＷ州憲法擁護法５条２項11号の訴え部分について、同規定が基本法１条１項と結びついた２条１項及び19条１項２号に反し違憲無効と判示しました（２００８年２月27日オンライン捜索（Online-Durchsuchung）に関する連邦憲法裁判所判決（BVerfGE120,274））。その判決の要旨は以下のとおりです。

①　一般的人格権は、ＩＴシステムの秘密性と完全性の保障に対する基本権（Grundrecht auf Gewährleistung der Vertraulichkeit und Integrität informationstechnischer Systeme）を含む。

②　ＩＴシステムのネットワークを監視し、その記憶媒体を解読することを可能にする当該ＩＴシステムへの秘密の侵入が憲法上許されるのは、極めて重要な法益（ein überragend wichtiges Rechtsgut）に対する具体的な危険についての事実上の手がかりが存在する場合に限られる。極めて重要な法益とは、人の身体、生命及び自由、又はその脅威が国家の存立や基盤若しくは人間の生存の基盤に関わるような公共の利益のことをいう。危険が極めて近い将来において発生するという十分な蓋然性がいまだ確認でき

ない場合でも、特定の事実が、個別具体的な事案において特定された人物が脅かしている、極めて重要な法益に対する危険を示している限りにおいて、措置は正当化されうる。

③ITシステムに対する秘密の侵入は、原則として裁判官の令状の留保の下で、講ずることができる。このような侵害を授権する法律は、私生活形成の核心領域を保護するための予防策をも設けねばならない。

④授権が、コンピュータ・ネット上の継続的な電子通信の内容や状態を把握し、あるいはそれに関連するデータを解析する手段たる国家的措置に限定されている場合には、侵害は基本法10条1項に照らして評価されねばならない。

⑤国家が右目的のため技術上予定された方法でインターネット・コミュニケーションの内容に関する情報を入手する場合に、基本法10条1項への侵害が生じるのは、国家機関がコミュニケーション当事者から閲覧の承諾を得ていない時に限られる。

⑥国家が一般的にアクセスできるインターネットの中でコミュニケーションの内容を徴取したり、一般的にアクセスできるコミュニケーション過程に関与する場合には、原則として国家は基本権を侵害するものではない(15)。

さらに、2009年1月1日には、連邦刑事庁法が改正されて、国際テロ防止の任務を担うこととなり、秘密捜査官の投入、住居内の録音録画、ラスター捜査（網羅的な電子的個人データ照合の権限による捜査）、オンライン捜索（私人のコンピュータに侵入してその中の情報を入手する捜索）、通信傍受法等の権限も与えた連邦刑事庁法の改正がなされました。

これに対し、ドイツ市民は、住居内の録音録画やオンライン捜索等の監視措置は、基本権を侵害すること、プライバシーの保護が不十分であること、取集したデータを外国の官庁へ伝達すると他の目的に使用されるおそれがあること等を理由として、連邦憲法裁判所に憲法異議を申し立てました。２０１６年4月20日、連邦憲法裁判所は、他の判例にも認められる一部違憲の判断、すなわち、連邦刑事庁にテロ防止のための秘密裏の監視措置（特に、住居内の録音録画とオンライン捜索）の権限を付与したことは合憲としつつ、監視の実施要件が比例原則（ある目的を達成するために権限の程度がより少ない代替手段が存在する場合には、当該規制を違憲・違法とする法理）に従っていないとして、監視措置を定める規定の一部を違憲としました。

また、国内の他の官庁および外国の官庁へのデータの伝達に関する規定も目的の限定が不十分であるとして、一部を違憲としました。具体的には、①監視措置の実施は、テロ実行の具体的な事件が予見されること、または、ある者が近い将来にテロを実行するという具体的な蓋然性があることを要件としなければならず、監視措置の目的は個人の生命または国家存立等の重要な法益の保護に限られること、②監視措置により収集したデータを犯罪防止のために他の官庁へ伝達することは、十分に具体的な危険が急迫している場合に限り許され、一般的なテロ犯罪防止のためにデータを伝達することは違憲であり、また外国の官庁へのデータの伝達は、当該国において人権や個別データ保護が十分に保障されていることを要件としなければならないことなどが判示されました（1 BvR966/09、1 BvR1140/9）。判決の要請に従って、連邦刑事庁法は、２０１７年に全面改正され、一部を除き、２０１８年5月25日から施行されました[(16)]。

以上の、連邦憲法裁判所の１９８３年12月15日の国勢調査判決（BverfGE65.1）による情報自己決定権及び２００８年2月27日のオンライン捜索に関する判決（BverfGE120.274）によるＩＴ基本権の宣明は、日本においてもプライバシーと個人情報の保護を考えるとき、大いに参考とされるべきです。

この他に、第1章3で述べたスノーデン・ショックに関して、ドイツにおいては、アメリカ国家安全保障局（ＮＳＡ）が多数のドイツ人の情報も秘密裏に収集していたことが発覚し、真相究明のために連邦議会にＮＳＡ調査委員会が設置されました。調査の過程で、連邦情報庁（ＢＮＤ）もＮＳＡの情報収集に協力していたことが判明しました。従前、ドイツのＢＮＤが、ドイツ国内から国外の外国人の通信情報、主にテロ対策としての中東やアフリカの通信情報を収集していましたが、収集した情報のうち、ＮＳＡが指定した特定のキーワードを含むものが、ＮＳＡに流されていたのです。スノーデン・ショックをきっかけとして、ＢＮＤ法が改正され、「第2章国外の外国人の通信情報の収集（Ausland-Ausland-Fermmeldeau fkläurung）」が設けられ、通信情報収集の目的、対象、方法、収集に必要とされる連邦首相府の命令、外国の情報機関との協力などについて規定されました。さらに、国内における情報機関の通信情報収集は、連邦議会に設けられた「基本法第10条審査会」という小委員会が統制するのに対し、国外の外国人の通信情報の収集を統制することを目的として、独立委員会が連邦通常裁判所（最高裁判所に相当）に設置されました。これは、国外の外国人の通信情報の収集が、通信の秘密の基本権を定める基本法10条に服さないことによると言われています。もっとも、ヨーロッパ人権裁判所は、特定の要件のもとで、ヨーロッパ人権条約が当該条約の適用地域においても効力を有する旨の判決を下していることなどから（EGMR.7.7.2011－55721/07.）、ＢＮＤによる国外の外国人の通信情報の収集を定める規定は、違憲の可能性があることが指摘されています[17]。

また、第1章13で述べたとおり、２０１７年6月にドイツ個人情報保護の日弁連調査の際に、訪問先のＮＰＯ・ヒューマニストユニオンにおいては、ベルリン州データ保護コミッショナーが、警察と情報機関のデータベースを2年に一度審査することとなっており、これまで、右翼過激派データベースにつき、右翼過激派ではないにもかかわらず、その対象とされていたデータを指摘し、多くの人（何千）のデータが削除されたという報告を受けました。ドイツでは、個人情報の保護と情報の自由のためにデータコミッショナーが連邦と州のレベルで選任されています。情報の自由は、連邦と州の情報公開法の適正な運用のための役割を担いますが、個人情報の保護のためには、警察と情報機関のデータベースまで審査するという権限を有しているということは、その運用において刮目すべき点です。ドイツ連邦データ保護法24条に基づき連邦データコミッショナーは、行政機関に対する監督業務を行うことができますし、その立入調査によって、正確でない個人情報データベースを削除することも、権限としているのです。また、ベルリン州のデータ保護法においても、同様の権限を有しています。ナチス・ドイツの反省に根ざしたこれらの運用は、日本においても、いわゆる共謀罪法成立後、法律の廃止を求める運動と共に、市民監視の対策として検討されるべき課題です。

この点について、民主党政権下の2012年人権委員会設置法案として提案されたような、国内人権委員会を設置すべきであるという提案があります。[18] 国内人権機関は1993年に国連総会で決議され、既に120か国以上で設立されていますが、1998年に国際人権自由権規約委員会が日本政府に対し設置を勧告し、2017年11月、国連人権理事会も、日本政府に対して30か国から国内人権機関の設置を勧告しました。

これに対し、「秘密性の高い機関を効果的に監視し、実効性のある監督を実現するためには、ドイツのデータコミッショナーのように、特定された分野で活動する組織を作り、ここに弁護士会や個人情報保護・情報公開の分野で活動してきた市民団体（たとえば情報公開クリアリングハウスのような団体を想定することができます）から、委員を選任して活動することができれば、実効性の高い制度を作ることができるのではないか」という提案もあります。[19] 前記5で述べた個人情報保護委員会は、民間における個人情報の取扱いを監督するだけですが、いわゆる三条委員会として、公正取引委員会などと同様の法的基盤を有するものであることから、ヨーロッパ、ドイツを参考に、このいわゆる三条委員会が公的機関を所轄して、立入調査権を行使するという提案であり、筆者も、この提案が個人情報保護についての世界標準であると考えています。上記で紹介したＮＰＯ・ヒューマニストユニオンのサラ・トーメ理事は、ベルリン州のデータ保護コミッショナーの職員を兼務した女性でした。この点がナチス・ドイツの反省に根ざしたドイツと、戦前の特高警察の責任を追及しない日本との差であるように思えてなりません。

このような状況を打ち破る手がかりとなるのが、法規制を求めたＧＰＳ任意捜査違憲の最判２０１７（平成29）年３月15日刑集71巻３号13頁です。

この最高裁判決は、「憲法35条は、『住居、書類および所持品について、侵入、捜索及び押収を受けることのない権利』を規定しているところ、この規定の保障対象には『住居、書類及び所持品』に限らずこれに準ずる私的領域に『侵入』されることのない権利が含まれるものと解するのが相当である」として、私的領域保護の実体的権利を保障していると理解し、重要な権利が侵害されることを示唆したうえで、これを強制処分法定主義の妥当する重要な権利と認めました。

それを前提として、ＧＰＳ捜査について、「個人のプライバシー侵害を可能とする機器をその所有者に密かに装着することによって、合理的に推認される個人の意思に反してその私的領域に侵入する捜査方法である」として、先に述べたイスラム教徒監視事件などによる個人情報の収集のための尾行など、従来の捜査手法とは異なるレベルの捜査方法であると位置づけたうえで、「個人の意思を制圧して憲法の保障する重要な法益を侵害するものとして、刑訴法上、特別の根拠規定がなければ許容されない強制の処分に当たるとともに、一般的には、現行犯人逮捕等の令状を要しないものとされている処分と同視すべき事情があると認めるのも困難である」と判示したのです。原審の大阪高判2016（平成28）年3月2日判例タイムズ1429号148頁が、「本件GPS捜査により取得可能な情報はGPS端末を取り付けた車両の所在位置に限られるなどプライバシー侵害の程度は必ずしも大きいものではなかったという事情」を重視したのに対し、「GPS捜査について、刑訴法197条1項ただし書の『この法律に特別の定めがある場合』に当たるとして同法が規定する令状を発布することには疑義がある。GPS捜査が今後も広く用いられ得る有力な捜査手法であるとすれば、その特質に着目して憲法、刑訴法の諸原則に適合する立法的な措置が講じられることが望ましい」と判示しています。

アメリカにおいては、2010年にコロンビア特別区連邦控訴裁が「モザイク理論」（個々的には価値がないように見える情報も、集積し、相互に関連付けて、ひとまとめにすると重要な意味を持つことになるという考え方）を採用して、たとえ公道であろうと、GPSによる長期間にわたる監視は、対象者が他人に知られないことを期待する――習癖や宗教的、政治的その他様々な活動・グループへの参加などの――私事を暴露することになり、「プライバシーへの合理的な期待」を害するため、「捜索」に当たるという全く新たな考え方を提示しました。日本のGPS捜査に係る最判は、アメリカ由来のモザイク理論と比較して論じられていますが、[20]

「公権力による個人情報の大量取得に伴う危険を視野に入れつつも、プライバシー強保護空間に係るプライバシーの侵害という点に核心を求めること」[21]においては、ひとりアメリカ由来というよりも、情報自己決定権やIT基本権の保障を宣言し、私的領域への侵入を厳しく規制しようとするドイツ連邦憲法裁判所のラスター捜査やオンライン捜索に係る判決、さらにはこれを受けての連邦と州の議会による関係法令の改正による憲法適合性ある立法的解決という手法をも検討すべきことを、司法が立法府に提言したものとも考えるでしょう。

注

（1）2008年4月1日総務省発表。
（2）『東京新聞』2017年3月19日。
（3）以上について、高山佳奈子『共謀罪の何が問題か』岩波書店、2017年。
（4）海渡雄一『共謀罪は廃止できる』緑風出版、2017年、21頁。
（5）平岡秀夫・海渡雄一『新共謀罪の恐怖　危険な平成の治安維持法』緑風出版、2017年、22頁。
（6）明石博隆・松浦総三編『昭和特高弾圧史1——知識人にたいする弾圧　上』太平出版社、1975年、23頁。
（7）奥平康弘『治安維持法小史』筑摩書房、1977年など。
（8）前掲、海渡『共謀罪は廃止できる』、148頁。

（9）青木理「流出資料からみる考案警察の馬鹿げた実態」青木理ほか編『国家と情報―警察庁公安部「イスラム捜査」流出資料を読む』現代書館、2011年、55頁。
（10）以上の各事件について前掲、海渡『共謀罪は廃止できる』、40頁。
（11）渡辺冨久子「ドイツにおけるテロ対策法制とその変容」大沢秀介ほか編『変容するテロリズムと法――各国における〈自由と安全〉法制の動向』弘文堂、2017年。
（12）高橋和弘「法と自由に関する憲法学的考察―ドイツ情報事故決定権論を題材に―」神戸大学博士論文、2014年。
（13）平松毅「キリスト教的価値観とオンブズマン」『日本オンブズマン学会誌 8号』、1項、2013年。
（14）州憲法擁護局［Verfassungsschtzbehörde］の調査権限
（15）植松健一「連邦刑事庁（BKA）・ラスター捜査・オンライン捜査（2）――憲法学的観点からみたドイツにおける「テロ対策」の現段階」島大法学53巻2号、2010年、8頁。
（16）前掲、渡辺「ドイツにおけるテロ対策法制とその変容」、石塚壮太郎「テロ防止のための情報収集・利用に対する司法的統制とその限界」前掲、大沢秀介ほか編『変容するテロリズムと法――各国における〈自由と安全〉法制の動向』。
（17）前掲、渡辺「ドイツにおけるテロ対策法制とその変容」149頁。
（18）小池振一郎「共謀罪法と国内人権機関」『日弁連・国内人権機関実現委員会ニュース№.04』、2018年。
（19）前掲、海渡『共謀罪は廃止できる』、146頁。
（20）井上正仁「GPS捜査」、井上正仁ほか編『刑事訴訟法判例百選［第10版］』有斐閣、2017年64頁。
（21）前掲、井上「GPS捜査」67頁。

第3章　民主主義の通貨としての情報公開と基盤としての公文書管理

1　情報公開法の施行から改正提案に至る経緯

「情報公開（制度）は民主主義の通貨である」。こう言って、アメリカの消費者運動家ラルフ・ネーダーが日本を駆け抜けたのは、1989年です。その約10年前の、1982年3月に山形県金山町の公文書公開条例、同年10月に神奈川県の公文書公開条例、同12月に埼玉県の行政情報公開条例が制定されるなど、次々と情報公開条例ができ、市民は情報公開請求によって、自治体情報を入手していました。市民は1970年代から情報公開法制定のために立ち上がりました。市民オンブズマンが「官官接待」追及ののろしをあげ、公務員のカラ出張が公開されて、住民訴訟も活性化されました。また、いじめ自殺事件や談合問題なども摘発されました。

特筆すべきは、1979年9月の自由人権協会による情報公開法要綱の発表、1980年3

月29日の「情報公開法を求める市民運動」の結成でした。1999年の情報公開法制定の後は、同市民運動は、発展的に「情報公開クリアリングハウス」に組織替えをして、情報公開法の解釈運用に対する問題提起や法改正のための立法運動などに取り組んでいます[(1)(2)(3)]。

1980年12月に大阪で誕生した市民オンブズマンは、1984年に大阪府公文書公開条例が施行されると、大阪府水道部による懇談会費の公開請求を行い、非公開処分に対する行政訴訟によって、「懇談会等に関する本件文書については、これを公開しても、右のような不都合な事態（相手方において、不快、不信の念を抱き、また、会合の内容等につき様々な憶測等がされることも考えられ、その結果、以後会合への参加を拒否したり、率直な意見表明を控えたりすること――引用者注）が生ずることは考え難い。したがって、このような文書を公開することにより当該または同種の事務の公正かつ適切な執行に著しい支障を及ぼすおそれがあるということはできない」として、公開判決が確定することとなりました。

また、この最高裁判決は、「上告人（大阪府知事――同注）において、右に示した各点についての判断を可能とする程度に具体的な事実を主張、立証しない限り、本件文書の公開による前記のようなおそれがあると断ずることはできない」として、非公開事由の存在を証明する責任が行政機関側にあるという、情報公開法の本質にかかわる重要な判決を示してくれました（最高裁2004（平成16）年2月8日判決・民集48巻2号255頁）。

もっとも、大阪府知事交際費情報非公開処分取消訴訟では、最判2004（平成6）年1月

27日民集48巻1号53頁が、行政機関情報公開法5条6号ロの交渉事務に関連する大阪府公文書公開等条例（昭和59大阪府条例2）8条4号および5号について、「本件文書のうち交際の相手方が識別され得るものは、相手方の氏名等が外部に公表、披露されることがもともと予定されているものなど、相手方の氏名等を公表することによって前記のようなおそれがあるとは認められないようなものを除き、懇談に係る文書については本件条例「大阪府公文書公開等条例」8条4号又は5号により、その余の慶弔等に係る文書については5号により、公開しないことができる文書に該当するというべきである」と判示して、知事交際費情報の全部公開を判示していた大阪高判1990（平成2）年10月31日判例時報1366号18頁を大阪高裁に差し戻しました。

差し戻し後の大阪高判1996（平成8）年6月25日判例タイムズ911号279頁では、行政機関情報公開法は6条1項の部分公開義務（「行政文書の一部に不開示情報が記録されている場合において、不開示情報が記録されている部分を容易に区分して除くことができるときは、開示請求者に対し、当該部分を除いた部分につき開示しなければならない」）規程に類似する大阪府公文書公開条例6条2項の適用において、弔問のための花や樒の代金、団体の会費、お祝いの会に招待されたときの祝金の支出につき、交際の相手方についての部分も公開すべきものと判断されました。

しかし、差戻後の上告審である最判2001（平成13）年3月27日民集55巻2号530頁は、生花・供花・樒・団体の会費は、交際の相手方氏名も含めて全部公開とするも、それ以外の項目は交際の相手方氏名のみならず、「歳出額現金出納簿については、各交際費の支出ごとにその年月日、摘要、金員の受払等の関係記載部分が当該交際費に係る知事の交際に関する独立した一体的な情報を成すものとみるべきであるから、当該記載部分を更に細分化して相手方識別部分等その一部のみを非公開としその余の部分を本件条例10条に基づいて公開しなければならないものとすることはできない」とし、支出証明書も、さらには、領収書及び請求書兼領収書も、生花・供花・樒・団体の会費分以外の項目のものは全部非公開でも違法とはいえないという判断を下しました。

この判旨中の「独立した一体的な情報」についての解釈基準は、情報公開法の立法担当者が行政情報の原則公開の観点から部分公開義務をできる限り広くとらえ、不開示情報をできる限り狭く解釈するという同法6条1項（前掲）及び2項（個人識別情報のうち、「氏名、生年月日その他の特定の個人を識別することができることとなる記述等の部分を除くことにより、公にしても、個人の権利利益が害されるおそれがないと認められるときは、当該部分を除いた部分は」、法5条1号の個人情報に含まれないものとみなして、法6条1項を適用する）の解釈を誤るものとなりました。司法行政も担う最高裁判所の情報公開に対する判決当時の消極的姿勢を示したものと言えます。

もっとも、独立一体説に触れない判決として、公立高校校長の校外出張情報についての最判

２００３（平成15）年11月11日判例タイムズ１１４３号２２９頁、学習指導要領の一部非公開を認める最判２００３（平成15）年11月11日同１１４３号14頁、新潟県東京地方事務所の需要費の支出資料の一部非公開を認める最判２００３（平成15）年11月21日同１１４３号２０７頁などが、前掲最判平成13年3月27日を実質的に変更しようとする方向が示されました。さらに、この点をより一層明らかにしたのは、愛知県の食糧費支出に関する予算執行書等のうち、公務員の懇談会出席に関する情報に係る記載部分はすべて公開すべきとした最判２００７（平成19）年4月17日判例時報１９７１号１０９頁です。

この最判においては、藤田宙靖裁判官が補足意見として、独立一体説を批判し、「『一体としての（より包括的な）情報の部分』を構成するに過ぎないことを理由に、それが記載された文書の部分が開示義務の対象から外れることを想定しているなどという解釈は、およそ理論的根拠の無いものであると言わざるを得ない。……ある文書上に記載された有意な情報は、本来、最小単位の情報から、これらが集積して形成されるより包括的な情報に至るまで、重層構造を成すのであって（例えば、最高裁判所に関する情報の中には、最高裁判所第三小法廷に関する情報が含まれ、同情報の中には、裁判官藤田宙靖に関する情報が含まれ、更にその中には、同裁判官が関与した過去の事件に関する情報が含まれる、等々）、行政機関が、そのいずれかの位相をもって開示に値する情報であるか否かを適宜決定する権限を有するなどということは、およそ我が国の現行情報公開法制の想定するところではないというべきである」としました。

その上で、本法6条2項が6条第1項の確認規定であることを明らかにします。すなわち、「情報公開法が6条1項に加え更に同条2項の規定を置いたのは、5条1号において非公開事由の1つとされる『個人に関する情報』が、同条2号以下の各非公開情報がその範囲につき『おそれがあるもの』等の限定を付しているのに比して、その語意上甚だ包括的・一般的な範囲にわたるものであるため、そのような性質を持つ『個人に関する情報』を記載した文書についても同条1項の部分開示の趣旨が確実に実現されるように、特に配慮をしたためであるからにほかならない。この意味において、それは、いわば念のために置かれた、確認規定としての性質を持つものであるに過ぎないのである。このような我が国情報公開法制の基本的な趣旨・構造に思いを致さず、単に例えば情報公開法6条2項が『当該部分を除いた部分は、同号の情報に含まれないものとみなして、前項の規定を適用する』という文言を用いているという事実から、専ら形式的な文言解釈により、これと異なる考え方を導き出す原審のような解釈方法は、事の本末を見誤ったものと言わざるを得ず、到底採用することはできない。」ということです(4)。

最近では、時の政権が裁量で使える内閣官房報償費（機密費）を巡る情報公開訴訟で、最判2018（平成30）年1月19裁判所時報1692号69頁が機密費に風穴を開けたものとして話題になりました。すなわち、「政策推進費受払等」や「報償費支払明細書」について、相手方の使途の特定につながらない場合は開示しても繰入れ時期や金額、繰入期間の支払合計額等が明らかになるだけであることから、行政機関情報公開法5条3号（防衛外交情報）及び6号

（行政運営情報）に該当しないものとして、開示すべきだとし、支出目的や相手方を記載した「支払決定書」や領収書などは不開示としたままではあるものの、市民の訴えが一部認められたのです。

加えて、山本庸幸裁判官は、「この独立一体的情報論については、第一に、その独立一体と捉える情報の範囲が論者あるいは立場によって異なるばかりか、第二に、情報公開の観点からの個々の情報の牽連性を十分に考慮できないという技術的な問題があることに加えて、第三に、そもそも不開示の範囲が無用に広がりすぎるおそれがあるという情報公開法の本旨に反する本質的な問題があるように考えている」、「個々の情報のどれが情報公開法5条各号に該当するかという本来行われるべき解釈論を離れて、まずどこからどこまでの情報が独立一体的情報かという抽象的な議論が先行してしまいがちである。その結果、①から③までの関係性が個々に検討されることなく、およそその全てが全体として独立一体的情報として取り扱われることが概ね考えられる結末ではないかと思われるが、それでは、ここに掲げたような相互の情報又は事項の関係性を踏まえた分析的な法解釈をする余地がなくなってしまうという大きな問題がある」と指摘し、前掲藤田宙靖裁判官の補足意見を引用したうえで、「ア・プリオリに、独立一体的情報はどこまでかという無用の議論をするのではなく、むしろ『一般的に、文書の場合であれば文、段落等を、図表の場合であれば個々の部分、欄等を単位として、相互の関係性を踏まえながら個々に検討していき、それぞれが情報公開法5条各号に該当するか否かを判断する』ということで、必要かつ十分であると考えている」と判示しています。
このような最高裁判決をみるにつけ、日本の情報公開制度は知る権利の保障が明記されていないため、不開示情報が広く解釈されがちであり、「情報公開は民主主義の通貨」という観点からは道半ばです。立法者の意見を無視した「独立一体的情報論」などという奇妙な理論は、立法的にも解消される必要があります。そして、山本康幸裁判官の意見にある「文書の場合であれば文、段落等を、図表の場合であれば個々の部分、欄等を単位として、相互の関係性を踏まえながら個々に検討」するためには、裁判官が不開示された文書や図表を裁判官室（in camera）で何よりも直接に見て検討する、インカメラ審理手続が法制化される必要があります。このことは、情報公開法に規定がないから裁判所ではインカメラ審理ができないと判旨した最判2009（平成21）年1月15日民集63巻1号46頁において、泉徳治裁判官と宮川光治裁判官がインカメラ審理手続を情報公開法に規定すべきであるという意見を述べていることからも、緊急の課題なのです。行政をチェックする司法に対し、それなりのチェック手段を与えなければ、三権分立は画餅に終わります。

ともあれ、情報公開法を求めて、情報公開条例に基づく裁判をも展開する運動の勢いで、1999年5月、ようやく情報公開法が制定され、2001年4月から施行されてきました。ところが、2010年の外務省の沖縄密約についての調査などによれば、1999年から200

1年4月までに、行政文書をかなり廃棄したことが明らかになりました。中味を吟味することなく段ボール単位で処分したようです。1979年に自由人権協会の情報公開法要綱が発表された頃、これにかかわった江橋崇・法政大学教授が、「情報公開法ができれば霞が関に煙が上る」と話していましたが、焼却処分による「煙が出る」わけではないものの、業者委託の廃棄処分が現実に増大しました。このことは、情報公開クリアリングハウスの三木由希子事務局長（当時）が、文書廃棄についての入札記録を情報公開請求して究明しました。情報公開法の制定にあたり、公文書管理法を制定することを求めましたが、今後の課題として制度化が中断されたうちに、国民の行政文書が大量に廃棄されたのです。

2008年に至り、福田康夫首相（当時）の主導によって設けられた、公文書管理の在り方等に関する有識者会議の最終報告「『時を貫く記録としての公文書管理の在り方』～今、国家事業として取り組む～」の中では、文書保存期間満了前の文書の「誤廃棄」（「とわだ」の航泊日誌）、文書の倉庫への放置（C型肝炎関連資料）、文書の未作成（防衛省の装備審査会議の議事録）等の問題が指摘されましたが、これらの問題は氷山の一角にすぎませんでした。民主党政権に代わってから明らかになった、自民党政権時代の外務省の密約問題においても、関連文書の廃棄が問題となっていました。

2009年6月、有識者会議の最終報告を踏まえ公文書管理法案が第171回国会に上程され、「公文書等の管理に関する法律」（「公文書管理法」）が制定されました。

公文書管理法は、法の目的に「公文書等が、健全な民主主義の根幹を支える国民共有の知的資源として、主権者である国民が主体的に利用し得るものであること」と明記されたこと（同法1条）、意思決定過程文書の作成義務が明記されたこと（同法4条）、行政文書の廃棄について内閣総理大臣の同意等が要件とされたこと（同法8条2項）等において一定の限度では評価し得るものでした。

しかし、積み残し部分もありました。電子情報としての「行政文書」（情報公開法2条2項）を電子情報のままで原本性を認めて保存する方法の確立が、今後の最重要課題となったのです。この問題は、2018年3月2日に、朝日新聞が、森友学園への国有財産の売却にかかる決裁文書について、財務省により30年保存とされた最重要の決裁文書中の調書部分を決裁後に書き換えて改ざんされたことをスクープしたことから、前代未聞の民主主義の危機とされて喫緊の課題であることが広く周知されました。後述第4章4で述べます。

特定歴史公文書等については、国立公文書館に移管されても利用請求が制限されるという事態が生ずるならば、それは情報公開法の不開示情報が広範であるということに由来します。そこで、公文書管理法案の修正から制定に至った勢いを受けて、民主党政権の仙谷由人・行政刷新担当大臣の下において、情報公開法の改正作業が始まりました。

情報公開法の改正を求める点については、既に、日弁連が1997年1月31日付情報公開法要綱案に対する意見書を提出していましたが、情報公開法制定当時の野党修正案が基調となりました。

このうち、公文書管理については、公文書管理法の制定により、ひとまず実現しました。しかし、それでも不十分だったことは、改めて第4章で述べます。情報公開法の残りの改正については、既に、現行法の問題点が残された課題として指摘されて、現実の政策課題とされてよいところにまできていました。

2010年4月、内閣府において、行政透明化検討チームが編成され、情報公開法改正のための「大臣案原案」が提案されました。行政刷新担当大臣が座長となり、関係府省の政務三役と有識者がこれを検討するという、新しい政策決定のスタイルで検討が始まりました。座長を枝野幸男・内閣府特命担当大臣（行政刷新）（後に、蓮舫特命担当大臣）とし、その他事務局長泉健太・内閣府大臣政務官、構成員逢坂誠二・内閣総理大臣補佐官、階猛・総務大臣政務官が政府関係者でした。そして有識者として、渋谷秀樹・立教大学教授、中島昭夫・桜美林大学講師（元朝日新聞記者）、橋本博之・慶應義塾大学教授、藤原静雄・筑波大学大学院教授、松村雅生・日本大学教授（元情報公開審査会事務局長）、三木由希子・NPO法人情報公開クリアリングハウス理事、三宅弘（筆者）・弁護士（いずれも当時の肩書）。

筆者は、座長代理に選任され、この「大臣案原案」を踏まえて、「『情報公開制度の改正の方向性について』に関する論点整理」をまとめました。そしてこの「論点整理」を踏まえた「大臣案」に基づき、情報公開法改正法案が２０１１年4月、国会に提案されました（以下「改正法案」）。これまでの審議会では、有識者の意見を公務員の事務局が取りまとめて審議会報告書を作成するのが通例でしたが、今回の検討チームでは、非公務員の有識者が情報公開法改正の報告書（「論点整理」）を取りまとめたところに特徴がありました。

『情報公開制度の改正の方向性について』に関する論点整理[5]は、筆者によって3度加筆補正したうえで、２０１０年8月24日に三訂版として最終的に確定しました。「論点整理（三訂版）」の冒頭で説明したとおり、座長枝野幸男・内閣府特命担当大臣（行政刷新）により示された「情報公開制度の改正の方向性について」の方向性をさらに明らかにするべく、行政透明化検討チームにおける各参集者等の意見等をできる限り盛り込み、筆者が座長代理として「論点整理」と「議論の経緯」を取りまとめました。

まず大臣案原案を示し、「論点整理」を、同チームにおける各論点にかかる議論の結論部分としました。「議論の経緯」は、その「論点整理」に至る経緯を、座長代理である筆者の私案も含めて、できる限り各参集者の意見とパブリック・コメントによる「国民の声」・「職員の声」、各府省庁の情報公開担当者の意見を集約したものです[6]。

一般的な審議会や有識者会議においては、その事務局を務める官僚によって報告書が取りまとめられ、いわゆる「霞が関文学」と呼ばれる微妙な表現が盛り込まれることがあります。しかし、「論点整理（三訂版）」は、すべて筆者の執筆にかかるものであって、「霞が関文学」的表現をできる限り避けることを心掛けました。その意味では、官僚主導の政策実現とは異なり、官僚と共に歩む「政治主導」の一例でした。

以下、行政機関情報公開法を中心に改正法案の概要とその意義および廃案となった議論の経緯を論じます。

【情報公開法改正法案の概要とその意義】

1 目的の改正（行政機関情報公開法1条、独立行政法人等情報公開法1条関係）

法律の目的において、「国民の知る権利」の保障の観点を明示する（その意義は前掲25頁）。加えて、「国民による行政の監視及び国民の行政への参加並びに公正で透明性の高い民主的な行政の推進に資することを目的と」し、行政の透明性を向上させ、行政に対する国民の監視と参加に資するものである趣旨を盛り込む（改正法案1条）。これによって、知る権利の保障が不開示情報の解釈原理となる。

2 開示・不開示の範囲等に関する改正

この分野の改正は、情報公開請求に対して、原則公開が貫かれず、不開示決定の割合が高すぎるとの批判を踏まえたものである。

（1）個人に関する情報（行政機関情報公開法5条1号、独立行政法人等情報公開法5条1号関係）

公務員等の職務の遂行に係る情報について、当該公務員等の職および職務遂行の内容に加えて、当該公務員等の氏名を、また、行政運営上の懇談会等における発言者等の氏名等についても、各会議の性質等に応じ、公務員等の氏名に準じて、それぞれ原則として開示する（改正法案5条1号ハニ）。

（2）法人等に関する情報（行政機関情報公開法5条2号、独立行政法人等情報公開法5条2号関係）

法人等が行政機関・独立行政法人等の要請を受けて公にしないとの条件で任意に提供した情報を不開示情報とする旨の規定を削除する（改正法案5条2号）。この場合には、任意特約は、法人等の利益は法5条2号イの「正当な利益」等、行政機関の支障は、法5条6号本文の「当該事務又は事業の適正な遂行に支障を及ぼすおそれがあるもの」の解釈適用によって判断することとなる。

（3）国の安全、公共の安全等に関する情報（行政機関情報公開法5条3号・4号関係）

公にすることにより、国の安全が害されるおそれ、公共の安全と秩序の維持に支障を及ぼすおそれ等がある情報の不開示要件について、適切な司法審査を可能とするため、例えば、それらの「おそれがあると行政機関の長が認めることにつき相当の理由がある情報」のうち、「相当の理由」とあるのを「十分な理由」に厳格化する改正を行う（改正法案5条3号、4号）。

（4）審議・検討等に関する情報（行政機関情報公開法5条5号、独立行政法人等情報公開法5条3号関係）

国等における審議・検討等に関する情報で、公にすることにより、「不当に国民の間に混乱を生じさせるおそれがある情報」を不開示情報とする旨の文言を削除する（改正法案5条5号）。

（5）部分開示（行政機関情報公開法6条1項、独立行政法人等情報公開法6条1項関係）

開示請求に係る文書に不開示情報が記録されているときは、「当該不開示情報が記録されている部分を区分して除くことが困難であるとき」を除き、当該「不開示情報が記録されている部分を除いた部分につき開示しなければならない」ものとする。最高裁判所判例が一時期示したことのある、いわゆる独立一体説（前掲106頁）を完全に排除するための改正である。独立一体説とは、不開示情報に該当する独立した一体的な情報をさらに細分化し、その一部を不開示とし、その余の部分にはもはや不開示情報に該当する情報は記録されていないものとみなして、これを開示することまでをも実施機関に義務づけているものとは解することはできないとするものである（前掲最判2001（平成13）年3月27日民集55巻2号530頁（前掲105頁）など）。

しかし、この最高裁判決に対しては、行政情報を可能な限り開示するという基本原則に忠実な解釈に反し、行政機関情報公開法の立法者意思にも合致していないことから、最判2003

（平成15）年11月11日（判例時報1847号21頁）や最判2007（平成19）年4月17日（判例時報1971号109頁）（特に藤田宙靖裁判官の補足意見参照）のように、独立一体説を採用しない判決が判示されるようになっていた。本改正は、この判例の最近の動向にも合致するものであった（その意義について前掲108頁）。

3　開示請求から実施までの手続に関する改正

迅速かつ安価な開示手続が実現できるようにするため、手続面での改正を行う。また、不開示や部分開示となった場合にも、その理由がより明確になるような改正等を行う。

（1）不開示決定の通知内容（行政機関情報公開法、独立行政法人等情報公開法関係《新設》）

不開示決定の根拠となる条項および当該条項に該当すると判断した具体的理由を書面により示さなければならない（改正法案9条3号）。

（2）内閣総理大臣による勧告（行政機関情報公開法関係《新設》）

①行政機関の長は、開示決定等に対する不服申立てがあった場合において、情報公開・個人情報保護審査会に諮問した事案について、情報公開・個人情報保護審査会の答申後、開示請求に係る行政文書の全部または一部を開示しない旨の裁決または決定をしようとするときは、あらかじめ内閣総理大臣に通知しなければならない（改正法案21条1項）。

②内閣総理大臣は、審査会の答申の内容と情報公開法7条に定める裁量的開示の趣旨に照らし、必要があると認めるときは、当該行政機関の長に対し、裁量的開示その他の必要な措置をとるように勧告することができる（改正法案21条2項）。裁量的開示規定を積極的に運用するための新しい制度化であるが、大臣案では措置要求として提案されていたが、行政事務の分担管理原則が強調されて、勧告権限の改正案にとどまった。

（3）開示決定等の期限（行政機関情報公開法10条1項、独立行政法人等情報公開法10条1項関係）

開示決定等は、開示請求があった日から、行政機関の休日を除き14日以内にしなければならない（改正法案10条）。

（4）みなし規定（行政機関情報公開法、独立行政法人等情報公開法関係《新設》）および開示決定等の期限の特例（行政機関情報公開法11条、独立行政法人等情報公開法11条関係）

①開示請求者は、行政機関の長・独立行政法人等が法定の期間内に開示決定等をしないときは、行政機関の長・独立行政法人等が当該行政文書・法人文書について不開示決定をしたものとみなすことができる（改正法案10条3項）。

②なお、大臣案においては、開示決定等の期限の特例が適用された場合において、行政機関の長・独立行政法人等が、開示請求にかかる行政文書・法人文書のうち相当の部分につき開示決定等をした日から一定の期限を経過したときも、①と同様、不開示決

定したものとみなすことができるという提案があったが、この点は、立法化において見送られた。

（5）手数料（行政機関情報公開法16条、独立行政法人等情報公開法17条関係）

①開示請求にかかる手数料を、営利目的による請求の場合を除いて、原則として廃止するとともに、開示の実施に係る手数料を引き下げる（改正法案16条1項～8項）。②①の開示請求手数料および開示実施手数料の廃止・引下げを実施することに伴い、適正な開示請求および開示情報の適正利用の観点を明記する。改正法案では、5条本文ただし書において、「当該開示請求が権利の濫用又は公の秩序若しくは善良の風俗に反すると認められる場合に該当するときは、この限りでない」、すなわち開示義務がないと規定することとされた。

4　審査会への諮問等に関する改正（行政機関情報公開法18条、独立行政法人等情報公開法18条関係）

開示決定等について不服申立てがあった日から、情報公開・個人情報保護審査会に対する諮問がなされるまでの一定の期限を設け、当該期限を超過した事案については、諮問までに要した期間、その理由等について公表する等の措置を定める（改正法案18条2項）。

5　情報公開訴訟に関する改正

訴訟による事後救済を確実に行うため、いわゆる「ヴォーン・インデックス」の作成・提出に関する手続を創設するとともに、いわゆる「インカメラ審理」を導入する（その意義は前掲110頁）。また、原告の訴訟にかかる負担に配慮し、各地の地方裁判所でも訴訟ができるようにする（改正法案22条～24条）。

（1）管轄の特例

「開示決定等又はこれに係る不服申立てに対する裁決若しくは決定に係る抗告訴訟（行政事件訴訟法（昭和37年法律第139号）第3条第1項に規定する抗告訴訟をいう。第30条において同じ、以下『情報公開訴訟』）は、同法第12条第1項から第4項までに定める裁判所のほか、原告の普通裁判籍の所在地を管轄する地方裁判所（次項において『特定地方裁判所』）にも、提起することができる」（改正法案22条1項。2項の移送の規定は略）。

（2）釈明処分の特例——ヴォーン・インデックスの導入

「情報公開訴訟においては、裁判所は、訴訟関係を明瞭にするため、必要があると認めるときは、当該情報公開訴訟に係る開示決定等をした行政機関の長に対し、当該情報公開訴訟に係る行政文書に記録されている情報の内容、第9条第3項の規定により記載しなければならないとされる事項その他の必要と認める事項を裁判所の指定する方法により分類又は整理した資料を作成し、及び提出するよう求める処分をすることができる」（改正法案23条）。

（3）口頭弁論の期日外における行政文書の証拠調べ――インカメラ審理

「情報公開訴訟においては、裁判所は、事案の内容、審理の状況、前条に規定する資料の提出の有無、当該資料の記載内容その他の事情を考慮し、特に必要があると認めるときは、申立てにより、当事者の同意を得て、口頭弁論の期日外において、当事者を立ち会わせないで、当該情報公開訴訟に係る行政文書を目的とする文書（民事訴訟法（平成8年法律第109号）第231条に規定する物件を含む）の証拠調べ又は検証（以下この条において「弁論期日外証拠調べ」という）をすることができる」（改正法案24条1項）。

「前項の申立てがあったときは、被告は、当該行政文書を裁判所に提出し、又は提示することにより、国の防衛若しくは外交上の利益又は公共の安全と秩序の維持に重大な支障を及ぼす場合その他の国の重大な利益を害する場合を除き、同項の同意を拒むことができないものとする」（改正法案24条2項）。

「裁判所が弁論期日外証拠調べをする旨の決定をしたときは、被告は、当該行政文書を裁判所に提出し、又は提示しなければならない。この場合においては、何人も、その提出され、又は提示された行政文書の開示を求めることができない」（改正法案24条3項。4、5項は略）。

6　情報の提供に関する改正（行政機関情報公開法25条、独立行政法人等情報公開法22条関係）

開示請求者の利便性の向上および行政コスト削減の観点から、行政機関の長・独立行政法人等による情報提供制度を改正する。

①行政機関情報公開法において、行政組織・制度等に関する基礎的情報、行政活動の現状等に関する情報等を、情報提供の対象とする（改正法案25条1項）。

②複数回開示請求がなされ、これに対する開示決定がなされたものは、情報提供の対象とする（改正法案25条2項）。

③開示請求に対する「開示の実施」の方法の1つとして、ホームページ上の該当情報の教示などの簡易な方法を、請求者が選択できることとする（改正法案25条3項）。

7 適用対象の範囲等に関する改正

国会と裁判所の情報公開法や規則の法制化を促すとともに、政府周辺法人に係る現行の情報公開制度の対象を、国民の知る権利を保障する観点から拡充する。

8 行政機関情報公開法等の所管に関する改正（行政機関情報公開法、独立行政法人等情報公開法、内閣府設置法、総務省設置法関係）

行政機関情報公開法および独立行政法人等情報公開法の所管を総務省から内閣府に移管する。これによって、不服審査をあわせ法運用を一体化することとなる（改正法案26条〜28条）。

9　情報公開条例の扱い（行政機関情報公開法《新設》）
裁判所におけるインカメラ審理手続とヴォーン・インデックスの活用については、情報公開条例の規定による、開示決定等に相当する処分またはこれにかかる不服申立てにおける裁決・決定に対する抗告訴訟においても利用できるよう検討する（改正法案29条、30条）。

2　情報公開法改正法案が廃棄となった経緯

情報公開法は、1999年の法制定に至る過程においても、政府与党と野党とがそれぞれ法案を提出し、修正されるなどし、最終的には国会において全会一致により可決成立しています。法制定の際には、「情報は民主主義の通貨である」（ラルフ・ネーダー）といわれたとおり、自由な政府情報の流通は、民主政治の基盤をなしています。

実際に、2001年の情報公開法の施行以降、「情報公開請求によれば」で始まる新聞記事も多くみられるようになり、多くの市民が、情報公開請求を行うようになりました。情報公開法は法制定によって完結するのではなく、絶えず使い続けられなければその役割を果たすことができません。その意味では、メディアに対しては、これからも、「情報公開請求によれば」に始まる記事が多くみられることを期待したいです。同時に、開示請求に対して不開示決定や一部不開示決定を受けることや開示請求の利用の手続に改善の余地がないかということにも留意する必要があります。２０１１年の情報公開法改正の提案は、施行10年を経て、硬直的になりやすい法の解釈運用について、法制定時の議論に立ち帰り、市民サイドからみて、使いがってのよい情報公開制度とするための改正の提案でした。

東日本大震災の影響で、改正法案の閣議決定は1カ月余り遅れましたが、さらに国会審議も遅れるのではないかと危惧され、果たして、法案は審議入りしないまま２０１２年11月の衆議院解散により審議未了、廃案となりました。震災当時の情報提供の実情としては、チェルノブイリ原発事故の情報非公開がソ連邦の崩壊につながったといわれるのと異なり、批判はあるものの原子力情報の迅速な公開が国民の不安を解消するのに役立ちました。ただし、福島第一原発事故にあたり、東京電力が作成した原発敷地内の汚染地図は作られてから1カ月以上も公開されず、「緊急時迅速放射能影響予測ネットワークシステム（ＳＰＥＥＤＩ）」の拡散予測が公開されたのは5月に入ってからであったことについては、改正法案25条に関連し、より一層の情報提供施策の充実が求められます。このような経験をも踏まえて、今一度、情報公開を見直して、「国民主権の理念」（情報公開法1条）や「知る権利の保障」と「行政の透明生の確保」（改正法案1条）の観点から、訴訟手続にも「インカメラ審理」と「ヴォーン・インデックス」を認めることが求められています（前掲１１０頁）。

時の政権が裁量で使える内閣官房報償費（機密費）を巡る情報公開訴訟で、前掲最高裁判例

2018（平成30）年1月19日判決（前掲100頁）は、「政策推進費受払等」や「報償費支払明細書」について、相手方の使途の特定につながらない場合は開示すべきだとし、支出目的や相手方を記載した「支払決定書」や領収書などは不開示としたままではあるものの、市民の訴えが一部認められました。しかし、立法者の意思を無視した「独立一体的情報論」の廃絶や裁判所における「インカメラ審理」の導入のためには、どうしても情報公開法の改正が必要です。

3　公文書管理の現状と課題——4事例再説

第1章8～11で述べた最近の4事例をふまえて、本項では、公文書管理について、公文書管理法の制定の経緯に立ち返りつつ、2017年12月に改正された「行政文書管理ガイドライン」、さらには法改正をも含む今後の課題まで、改めて立法論にまで論及してみましょう。

まず、行政機関情報公開法の定義する「行政文書」と公文書管理の実情について述べます。

1999年の情報公開法制定当時、私は、市民運動の先頭を走っており、その頃は、同法2条2項の「職務上作成し、又は取得した文書」について、これを受領する者として関わっていました。

当時は、まだメールの添付ファイルのような電磁的記録が一般的な時代ではなかったので、紙媒体を中心に議論がされていました。それゆえ、決裁、供覧のない文書についても、組織的に用いるものであるといったような、紙ベースでの話が中心でした。昨今の、共有サーバーに残っているか、個人のパソコンのメールの添付ファイルの中に残っているかといったところまで突き詰めるような話ではありませんでした。

もっとも、そこには、前掲最判2007（平成19）年4月17日（前掲107頁）において、藤田裁判官が補足意見で述べているように、「開示された文書をどのような目的のために利用するのか等を一切問うことなく」、「情報が一定の媒体に記録されたもの」といったタームで、「行政文書」の開示・不開示の運用がされていたことと思います。

第1章11で述べた南スーダンのPKO日報の問題について、2017年7月、私は河野太郎衆議院議員とBS日テレの番組「深層ニュース」に出演して話をする機会がありました。河野氏いわく、毎日70頁にも及ぶような日報が、丁寧に現場の写真と一緒に送られてくるのだということであり、果たして、このようなものが個人メモと言えるかという話を二人でしました。電子メールで送信されること、それによって南スーダンにいる文書作成者のみならず、日本国内の関係者が日報を見ることができるという状態が、どのように考えても「組織的に用いる」（行政機関情報公開法2条2項、公文書管理法2条4項）ということを意味するのは、ごくごく当たり前のことです。にもかかわらず、情報公開請求がなされたときに、個人メモとして扱うという解釈がなされており、最初の段階でのボタンの掛け違いがなされていると思います。

色々とお話を聞いていると、日報から総括報告書を作成すれば、電子送信された日報の元データは廃棄してもよいという取扱いになっていたということでしたが、この点については、歴史的な文書に関する認識が根本的に欠落しているのではないかと思いました。

少し遡りますが、２０１７年5月にNNNドキュメントという日本テレビ系の番組を見ていたら、日本軍が中国の重慶を爆撃したときの記録を日本と中国で照らし合わせるという内容でした。重慶の当按館（中国の公文書館）に、特定の日時の特定の場所における爆撃において何人の人が亡くなったか、固有名詞まで含めて明らかになったものを、NNNドキュメントの製作者が日本の記録と照合するという番組です。そのとき、これこそ、まさに公文書管理の目指すべき一つの歴史的な検証ではないかと思いました。

これが本来の姿であるとすれば、駆けつけ警護という新しい任務を負った安全保障法制にかかる強行採決の上で国論を二分した非常に重要な事実に関する日報を、単なる個人メモとして扱うという認識自体が、極めておかしいことではないかと思っています。さらに、公文書管理法がなかなか浸透しないことの一つの現れではないかとも思います。

これに関連して、第1章8で述べた内閣法制局の集団的自衛権行使の「想定問題資料」についての不在決定についての情報公開・個人情報保護審査会の２０１７年（平成29）年1月17日答申においては、行政機関情報公開法の立法者意思をふまえた判断をしています。「長官が2月18日の参院決算委員会で存在すると認めたと報じられた『国会に情報開示していない内部検討資料とみられるデータ』（該当ＵＲＬ）に該当するもの全て」の開示請求について、次長まで上がっていた「全23問の国会答弁資料」は「各段階で不採用となるまでは一時的にいわゆる保存期間が1年未満の行政文書として正確を有することがあるとする考え方もあるが、国会答弁資料案は不採用となった瞬間に組織共用性を失い、行政文書としての性格も失う」といった考え方であったと思われるところ、「行政文書該当性が否定されるものではなく」ということを審査会に明確にして頂いたことは非常に良かったのではないかと思います。

実は、この請求については、請求をして不存在決定を受けた記者が私のところに連絡をしてきて、意見を聞かれていました。私は、不存在という解釈運用が明らかに誤っていると考えていたので、この取材を続け、かつ、情報公開・個人情報保護審査会に不服申立てをするよう助言しました。

「全23問の国会答弁資料」のデータは、電子データとして、内閣法制局内の「古いデータ」という名称の同局第一部に所属する複数の職員がアクセスできる共有フォルダに残存していました。本件では、この事実をどのように捉えるのかが問題でした。公文書管理委員会としては、このような電子データの保存の仕方について、今後、適正な保存をするにはどのようにしたらよいのかを考えなければならないと思います。5年後の見直しということで、電子データを一旦、電子中間書庫というサーバーに置いておき、何年か経過した後にアーキビストがこれをチェックし、必要なものとそうでないものを振り分けるといった構想が必要であると考えます。

では、どの程度、サーバーの中を調べなければならないのか、実際の運用はどうなっているのかについては、上記審査会答申においては、「念のため、当審査会事務局職員をして、本件対象文書の探索の方法及び範囲について諮問庁に確認させたところ、内閣法制局担当部局の書庫、事務室及びパソコンの共用フォルダ内を探索した結果、本件対象文書以外に本件請求文書に該当する紙文書及び電子データはなかった」と述べられています。

これとは別の文部科学省の加計学園に係る総理のご意向なる文書を調査したところ、当初は、確認することはできないという報告でした（前掲37頁）。当初は、関係する部署の共有サーバー一か所のみを調査し、他部署の共有サーバーの調査はしていないとのことであり、この点について、報道機関の方から、この程度の調査でよいのかという問い合わせがありました。

私は、省庁全体の取り組みとして、将来保存すべきものを保存しておくサーバーを決め、その中にさまざまなデータを保存し、何年かの保存の後に、専門家がそれをチェックするというシステムを構築すべきであると、ずっと前から主張してきました。そのようなことができていないので、電子データが野放しの状態になってしまい、私がコメントしたような話が浮かび上がってくるのではないかと考えています。

4 「経緯を含めた意思決定に至る過程」の文書の保存義務を定めた公文書管理法

冒頭述べた情報公開法制定当時に辛口でコメントをしていたところ、2003年、突然、公文書の管理に関する有識者会議の構成員に入って欲しいという打診が来て、内閣府の「公文書等の適切な管理、保存及び利用に関する懇談会」（懇談会）の委員を務めることとなりました。この委員会を立ち上げられたのは、小泉政権下における当時の福田康夫内閣官房長官の意向でした。

2001年に情報公開法の制度運用が始まると同時に、国立公文書館に対し、文書の移管がなされなくなったという、非常に不可思議なことが生じました。行政文書の定義規定が定められた情報公開法2条2項3号（当時2号）では、政令で定める研究所その他の施設において、政令で定めるところにより、歴史的若しくは文化的な資料又は学術的研究用の資料として特別の管理がされているものが適用除外されるものと規定されています。各省庁の現場では、この規定の適用を受けると情報公開法の対象外としては、原則公開となり、国立公文書館又は外交史料館、宮内公文書館の三つにデータが行くと原則公開となります。そこで、情報公開の場合には不開示事由のところで部分不開示や全部非開示として都合の悪いものは出さないということができるが、公文書館に移管したら全部開示になってしまうことから、文書を公文書館に移管しなくなるという事態が生じたのです。

この問題については懇談会で議論がなされ、公文書管理法16条で情報公開法の定めを準用し、利用請求の仕組みを設け、利用を拒否した場合には処分性を認め、争うことができるシステムにすべきであるという提案が生まれ、今日の公文書管理法に至る形が整えられたのです。

福田康夫官房長官は、2008年には総理大臣になり、その頃丁度消えた年金問題なども契機に、公文書管理法を作ることを自らの施策に掲げました。そのイメージの中にあったのは、アメリカの国立公文書館でした。氏が空襲の記録・写真を入手して欲しいと頼まれ、アメリカの公文書館でこれを探し当てました。このことが、文書が公文書館に移管されないというわが国の現状と照らし合わせて、立ち遅れているわが国の公文書管理のあり方について、何とかしなければならないという、氏の公文書管理法の制定の動機付けになっていきました。

公文書管理法4条は、「行政機関の職員は、第1条の目的の達成に資するため、当該行政機関における経緯も含めた意思決定に至る過程並びに当該行政機関の事務及び事業の実績を合理的に跡付け、又は検証することができるよう、処理に係る事案が軽微なものである場合を除き、次に掲げる事項その他の事項について、文書を作成しなければならない」と定め、その1号から5号の規定において、すべて、「経緯」という文言を挿入しています。このように、意思形成の過程をしっかりと残すことの、国民的な合意として、公文書管理法ができました。

例えば、第1章9で述べた森友学園への国有地の払下げの価格交渉の記録については、法4条1項4号の「個人又は法人の権利義務の得喪及びその経緯」に当てはめることができます。この「経緯」という認識を十分に持っていれば、売買契約が成立したから無効や取消の主張も起こりうる契約交渉の記録は廃棄してもよいという話にはとてもならない、というのが社会常識です。現に森友学園は契約不履行の事態になりました。財務省の1年未満廃棄の取扱いは非常識です。

２０１７年3月1日に、国会の参議院予算委員会では、契約が成立したから交渉過程の記録はすべて廃棄したという財務省の答弁が出て、さらに、記録もないし記憶もないという答弁が貫かれており、総理大臣からも「ないものを証明するのは悪魔の証明である」という発言がありました。そのやり取りを聞いていて、公文書管理法4条は一体どうなっているのかと思いました（後述第4章4のとおり、問題は、文書不存在にとどまりませんでした。その頃以降、森友学園への国有地売却にかかる決裁文書の内容を書換え、削除、改ざんしたことが、２０１８年3月2日の朝日新聞のスクープによって判明しました）。

経緯も含めた意思決定に至る過程を残し、文書の作成をきちんとすることをして、国民共有の知的資源（公文書管理法1条）を達成するという意気込みが、4条に含まれているわけです。

公文書管理法案の審議当時は麻生政権に変わっており、この法案を何とか通したいという前総理大臣の意向は野党側にも伝わり、修正案があれば提出せよという雰囲気でした。当時、私は日弁連で公文書管理の問題を担当していたので、野党の方々ともお話をして、4条は、有識者会議の最終報告[7]にもともと書かれていたことであり、当然入れるべきであるということから、4条の修正が通った経緯があります。

最終報告においては、「公文書の管理を適正かつ効率的に行うことは、国が意思決定を適正かつ円滑に行うためにも」という意思決定の過程について述べており、「また、証拠的記録に基づいた施策が強く求められている今日」として、意思決定の過程に至るものまでも含まれることが明らかにされています。

私には、閣議の文書の作成についての構想の取りまとめを担った経験があります。丁度、東日本大震災の後、災害対策本部と原子力災害対策本部の議事録1年分が全く存在しないという事態についても、このような事態が生じた原因を究明する任務は公文書管理委員会で担っていました。

さらに、日本の内閣制度ができてから、100年以上議事録が存在しないということの是非について、当時の民主党政権の岡田克也副総理の問題提起を踏まえて、閣議の議事録作成に係る検討チームができました。私もイギリスとドイツの首相官邸で調査し、議事録作成者のお話を聞きました。イギリスの場合、官房副長官クラスの方が閣議に参加し、メモを取り、複数（2人）の方のメモを照らし合わせ、文書（議事録の経過）を作成し、それを踏まえて各大臣に一定の期間修正をお願いします。そしてそれでよいということになれば残していきます。ただ、すぐに閣議の議事録を公表することはできないので、30年の保存期間の後に出すというルールにしていました。イギリスの内閣の閣議では、第一次世界大戦への参戦が問題となった当時から、議事録が作成されていました。ただ、30年という期間は若干長いということが、サッチャー政権の時の議事録の記載内容の真偽について議論になり、情報公開法の施行を契機として10年をかけて繰り延べて20年経過したら議事録を公開するという手続になりました。

そのような調査もふまえて、日本においても、閣議のみならず、関係閣僚会議の議事録も作るということになりました。公文書管理法4条1項2号によれば、対象となるのは「閣議」「関係行政機関の長で構成される会議又は省議」（これらに準ずるものを含む）とされているので、例えば、加計学園の獣医学部の新設を認め、京都産業大学が断念するに至る過程で、内閣官房と文科省が交渉した記録等も「省議又はこれに準ずるもの」として、本来は作成されるべきものでした。

森友学園問題に関する財務省理財局長の答弁の中でも、1年未満の保存期間の文書については廃棄できるので廃棄したという話がありました。そこで今回、公文書管理法10条1項に基づく「行政文書の管理に関するガイドライン」（行政文書管理ガイドライン）を、公文書管理委員会でチェックし、それに基づく各省庁の行政文書管理規則は、全てチェックしました。ガイドライン別表1行政文書の保存期間期限によれば、15予算及び決算に関する事項、（2）「歳入及び歳出の決算報告書……に関する計算書の作製その他決算に関する重要な経緯」というところに本件も当然含まれるというのが、一般社会常識上の話であると思います。売買契約が成立し、10年の分割払いが完了するかどうか分からない段階で、8億円の値引きの過程についての交渉記録をすべて廃棄してよいということは、社会常識的にも決して有り得ないのです。

この点について、財務省行政文書管理規則にも同様の保存期間期限がありました。かつ、「同別表第一備考五」においては、「本件が適用されない文書については、文書管理者は、本表の規定を参酌し、当該文書管理者が所掌する事務及び事業の性質、内容等に応じた保存期間基準を定めるものとする」と書かれています。この点についても、財務省行政文書管理規則の備考六において、同じ規定がありました。公文書管理委員会では、この規定によれば、さまざまな交渉記録等も重要な説明資料に付随する証拠書類として扱われる運用がされるものだと解釈されていました。この件について、毎日新聞の青島顕記者が国会の中で色々と調査をして、財務省は、保存期間1年未満の文書だから当然廃棄できるということで、財務省行政文書管理規則細則というものが説明資料に使われているということがわかりました。

公文書管理委員会では、財務省の行政文書管理規則細則というものを見たことがなかったので、ホームページで探しましたが、すぐには検索できませんでした。そこで、NHKの山下茂美記者が色々と調べたところ、防衛省の場合には行政文書管理細則はホームページで公表されており、他の省庁では、これを作成していないところもあることが分かりました。各府省庁の行政文書管理規則をチェックした当時、東日本大震災の災害対策本部の議事録が作成されていないという問題が明るみに出て、それから一年はそのことに余り汲汲としていたのです。結局、公文書管理委員会の審議のツメが甘かったではないかと思い、内心忸怩たるものがあるのと同時に、国民の皆様には申し訳なく思いました。

そういった経過で、２０１７年３月20日の毎日新聞が、森友問題について、財務省は１年、専門家は5年という見出しで記事を出しました。丁度その頃、南スーダンの日報の話も出てきており、日報は1年未満の保存期間の文書ということで廃棄しているということで、検証に耐えうるのかという話も出てきたのです。

5　再説――森友学園問題にみる意思形成過程の公文書廃棄

２０１７年3月25日、ＴＢＳの報道特集において、籠池理事長のインタビューが報道されました。そこで、私はコメントをして、公文書管理法違反の問題を指摘しました。公文書管理法違反の経緯は、同年3月30日、新潟県、長野県、静岡県を含む関東十県と東京の三つの弁護士会からなる関東弁護士会連合会（江藤洋一理事長）での「今、知る権利が危ない」というシンポジウムでの基調報告でも報告しました。

文書の保存・作成、移管、廃棄は極めて重要な問題です。その中でも、特に、廃棄に関する部分については、是非、頭に入れておいていただきたい部分です。

公文書管理法8条2項において、「行政機関……の長は、……前項の規定により、保存期間が満了した行政文書ファイル等を廃棄しようとするときは、あらかじめ、内閣総理大臣に協議し、その同意を得なければならない」という同意条項が設けられています。つまり、本来的には、行政文書は、内閣総理大臣が最終的に同意しなければ、廃棄してはならないという原則になっているのです。ところが、1年未満の保存文書という範疇に全部入れ込んで、この手続に乗らない文書が圧倒的多数であり、そのような文書については自由に捨ててしまい、文書管理者がいつ捨てたか分からないといった状態になっているというのが実情でした。法8条2項の原則に立ち返って運用するような制度改善が必要です。

また、法8条1項の「保存期間が満了した行政文書ファイル等」には、法律上、1年未満の保存期間の文書という規定はありません。先ほどの話に立ち返ると、行政文書管理規則で保存期間基準を定め、それに該当しないとしても、その趣旨にのっとって、文書を保存しましょうということで、いわば文書作成者を信じる性善説に立ち、なるべくファイルをするときに、5年であれば5年、10年であれば10年のファイリングのところに関連文書としてつけてファイルをしてもらった上で、歴史的意義はないものであれば、何年か経った後に廃棄してもらうということを念頭に置いていたわけです。

しかしながら、実際の運用は、5年は5年で書いてあるもののうち歴史公文書だけは保存するが、それ以外のものは全て1年未満として廃棄をしてしまう、という運用になっていました。

２０１７年12月には、公文書管理委員会は各省庁からの調査を受けて、行政文書ガイドラインを改正しました。野党側からは、この1年未満の保存文書の規定を削除するように法律改正が必要であるとの提案もあります。運用で対応することができないのであれば、法律改正ということになるのかも知れませんが、そのギリギリのところをつめていきたいというのが、私の考えでした。

6　行政文書管理ガイドラインと行政文書管理規則の改正

内閣法制局の集団的自衛権行使の「想定問答」に関する問題からは、行政文書の該当性についての解釈運用が改められています（前掲第1章８）。

陸自ＰＫＯ派遣部隊の日報は1年未満の保存期間ということで運用されていましたが、歴史的に重要であると思われる文書についても、そのように運用してしまっていることの問題が見えます。財務省の森友学園との交渉記録についても、軽微な文書として破棄されたことの問題があります。加計学園の獣医学部新設に関する文科省の総理のご意向あるいは怪文書などと言われる文書については、いわばレク資料等の行政文書性の問題があるのではないでしょうか。

なぜこのようなことになっているのかというと、結局、現場の独自の解釈がなされていることによって、法律の正しい解釈で運用がされていないということに終始するわけです。この問題を解決するための方策としては、各府省庁に、行政文書管理専門職、レコードマネージャーを配置することが考えられます。それから、歴史的な検証に耐えうるかどうかの判断をして、文書を保存するかどうかを決定する、現場で日常的に各府省職員を支援、指導、監督する文書管理の専門職（アーキビスト）の体制を整備することも必要になるでしょう。

以上のようなことについて、公文書管理委員会では、「公文書管理法施行5年後見直しの対応案」という形で、審議を行っています。その中では、電子文書の管理ということで、これまでは紙媒体の中間書庫を置くということを試験的に行いましたが、ほとんど使われなかったので、これはやめて、電子データの中間書庫的なものを少しやってみようということで構想されていました。このような試みをできる限り前倒しをして、実施していく必要があるのではないでしょうか。この対応策の一環として、２０１７年12月に行政管理ガイドラインを改正し、これに基づき、２０１８年3月末までにすべての府省庁において、行政文書管理規則を改正しました。

公文書管理法7条1項本文は、行政文書ファイル等の分類、名称、保存期間等を記載した「行政文書ファイル管理等」の作成及び公表について規定しています。しかし、同1項ただし書は、政令で定める期間未満の保存期間が設定された行政文書ファイル等については、同管理簿の作成義務の対象外とし、これをうけて本法施行令12条により、保存期間が1年未満のものは、対象外としています。

森友学園問題にみる国有地の売買契約の交渉過程の記録は、紙媒体の文書も電子データも保存期間1年未満と解釈して廃棄されました。このような誤った措置がとられないように、行政文書管理ガイドラインが改正されたのです。

同ガイドライン第4・整理・3保存期間、（5）1－（1）の保存期間の設定及び保存期間表においては、「歴史公文書等に該当しないものであっても、行政が適正かつ効率的に運営され、国民に説明する責務が全うされるよう、意思決定過程や事務及び事業の実績の合理的な跡付けや検証に必要となる行政文書については、原則として1年以上の保存期間を定めるものとする。」という規定が新設されました。さらに新設された（6）では、「①別途、正本・原本が管理されている行政文書の写し、②定型的・日常的な業務連絡、日程表等、③出版物や公表物を編集した文書、④○○省の所掌事務に関する事実関係の問い合わせへの応答、⑤明白な誤り等の客観的な正確性の観点から利用に適さなくなった文書、⑥意思決定の途中段階で作成したもので、当該意思決定に与える影響がないものとして、長期間の保存を要しないと判断される文書、⑦保存期間表において、保存期間を1年未満と設定することが適当なものとして、業務単位で具体的に定められた文書」等については、保存期間を1年未満とすることができます。

しかし、さらに新設された（7）においては、（6）の①ないし⑦の文書も含めて、「1－（1）の保存期間の設定においては、通常は1年未満の保存期間を設定する類型の行政文書であっても、重要又は異例な事項に関する情報を含む場合など、合理的な跡付けや検証に必要となる行政文書については、1年以上の保存期間を設定するものとする」と規定されました。

これは、留意事項として「『重要又は異例な事項』とは、ある業務について、通常とは異なる取扱いをした場合（例：通常専決処理される事務について、本来の決裁権者まで確認を求めた場合）等が想定されるものであり、そのような案件に係る情報を含む行政文書については、通常は1年未満の保存期間を設定する行政文書の類型であっても、合理的な跡付けや論証に必要となるものについて、1年以上の保存期間を設定するものとする。」と説明されています。

——この改正により、固有財産の売却処分にあたり、財務省近畿財務局が総理夫人や政治家のかかわりのある学校法人に対し大幅値引きをした売買契約を締結する交渉記録は1年以上の保存期間を設定されることでしょう。また、「記憶にない、記録にない」という財務省の国会答弁もなくなるのではないでしょうか。

さらに、同ガイドライン添付の別表第2保存期間満了時の措置の設定基準の1基本的考え方について、従前から、次の〔Ⅰ〕～〔Ⅳ〕のいずれかに該当する文書は、「歴史資料として重要な公文書その他の文書」に当たり、保存期間満了後には国立公文書館等に移管するものとされていました。「その他の文書」を含み、「歴史公文書等」とされているのです。今回の改正により、〔Ⅰ〕～〔Ⅳ〕までの留意事項が増設されました。

〔Ⅰ〕国の機関及び独立行政法人等の組織及び機能並びに政策の検討過程、決定、実施及び

実績に関する重要な情報が記録された文書

〔Ⅱ〕国民の権利及び義務に関する重要な情報が記録された文書

〔Ⅲ〕国民を取り巻く社会環境、自然環境等に関する重要な情報が記録された文書

〔Ⅳ〕国の歴史、文化、学術、事件等に関する重要な情報が記録された文書

○〔Ⅰ〕の文書について、例えば、次のような重要な情報が記録された文書が対象となる。

・国の機関及び独立行政法人等の設置、統合、廃止、改編の経緯並びに各組織の構造や権限及び権能の根拠に関する情報が記録された文書

・経緯も含めた政策の検討過程や決定並びに政策の実施及び実績に関する情報であって、将来までを見据えて政策の理解や見直しの検討に資すると考えられる情報が記録された文書

○〔Ⅱ〕の文書について、例えば、次のような重要な情報が記録された文書が対象となる。

・国民の権利及び義務の法令上の根拠並びに個人及び法人の権利及び義務の得喪に関する基準や指針等の設定に関する経緯も含めた情報が記録された文書

・個別の許認可等のうち公益等の観点から重要と認められるものに関する情報が記録された文書

・国民から不服申立てや国又は行政機関を当事者とする訴訟の提起等に関する情報のうち、法令の解釈やその後の政策立案等に大きな影響を与えた事件に関する情報が記録された文書

○〔Ⅲ〕の文書について、例えば、次のような重要な情報が記録された文書が対象となる。
・政策の変更や優先順位の設定に影響を与えた社会環境、自然環境等に関する情報が記録された文書
・政策が国民に与えた影響や効果、社会状況を示す重要な調査の結果、政府の広報に関する情報が記録された文書
・我が国の自然環境に関する観測結果等、その動態に関する情報が記録された文書
○〔Ⅳ〕の文書について、例えば、次のような重要な情報が記録された文書が対象となる。
・我が国の領土・主権、来歴や多くの国民の関心事項となる自然災害及び事件等の重大な出来事（国内で起きたものに限らない。）に関する情報が記録された文書
・学術の成果やその顕彰等及び文化、芸術、技術等の功績等のうち重要なものに関する情報が記録された文書

さらに、同1基本的考え方の2具体的な移管・廃棄の判断指針として、（1）業務単位での保存期間満了時の措置として、「審議会その他の合議制の機関に関するもの（部会、小委員会等を含む）」のうち、「専門的知識を有する者等を構成員とする懇談会その他の会合に関するもの」については移管から除外することを削除したことにより、その結果、移管することを明記するとともに、公文書の「移管・廃棄簿」も移管を義務付けました。

また、（2）政策単位での保有期間満了後の措置として、以下の①～③を例示し、特に①の具体例の末尾に「等」を付記して、文書管理者の判断により、今後も増えていく余地を明記しました。

①国家・社会として記録を共有すべき歴史的に重要な政策事項であって、社会的な影響が大きく政府全体として対応し、その教訓が将来に活かされるような以下の特に重要な政策事項等に関するものについては、1の基本的考え方に照らして、（1）①の表で「廃棄」とされているものも含め、原則として移管するものとする。

（災害及び事故事件への対応）阪神・淡路大震災関連、オウム真理教対策、病原性大腸菌O157対策、東日本大震災関連等。

（我が国における行政等の新たな仕組みの構築）中央省庁等改革、情報公開法制定、不良債権処理関連施策、公文書管理法関連、天皇の退位等。

（国際的枠組みの創設）気候変動に関する京都会議関連施策、サッカーワールドカップ日韓共催、2020年東京オリンピック・パラリンピック等。

②総括文書管理者は○○省における重要政策を定期的に検討の上公表することとし、当該重要政策に関する企画・立案から実施に至る経緯を含めた情報が記録された文書については、1の基本的考え方に照らして、（1）①の表で「廃棄」とされているものも含め、

原則として移管するものとする。

③ 領土・主権に関連する文書については、1の〔Ⅳ〕に該当する可能性が極めて高いことから、原則として移管するものとする。

なお、「領土・主権に関連する文書」とは、北方領土及び竹島に関する我が国の基本的立場及び対応に関して作成又は取得した文書のみならず、北方領土及び竹島に関する情報を記載又は記録した海洋、漁業、鉱物資源及び環境に関する調査その他の調査、教育、地図の作成、航海その他の施策に関する文書も指す。また、尖閣諸島に関しては、領土問題ではないものの、同様の考え方に基づき対処する。

以上のガイドライン改正によって、森友問題の売買契約締結交渉過程文書は第3作成の留意事項として少なくとも異例な取扱い文書として保存期間5年として保存されることが明確になります。

また、《留意事項》のうち、〈適切・効率的な文書作成〉として、以下の○2つが明記されました。

○文書の正確性を確保するため、その内容について原則として複数の職員による確認を経た上で、文書管理者が確認する。作成に関し、部局長等上位の職員から指示があった場合は、その指示を行った者の確認も経るものとしている。
○各行政機関の外部の者との打ち合わせ等の記録については、文書を作成する行政機関の出席者による確認を経るとともに、可能な限り、当該打合せ等の相手方（以下「相手方」という。）の発言部分についても、相手方による確認等により、正確性の確保を期するものとしている。なお、作成する行政機関において、相手方の発言部分等について記録し難い場合は、その旨を判別できるように記載する必要がある。

この留意事項は、加計問題で、作成年月日と作成者が不明な「総理のご意向」と題する文書等が出回ったことに関して、今後も同様のことが生じうることへの懸念から、「文書の正確性を確保するため」という趣旨で明記されました。

しかし、これでは、国家戦略特区内への大学の学部新設にあたっての内閣官房と文部科学省との許認可の協議等は、双方の了解事項しか記録されないようになるのではないかという疑問も出されました。電子データの保存と共に、今後の運用を見守ることとなります。

また、行政文書管理ガイドラインの第8点検・監査及び管理状況の報告等においては、「少なくとも毎年度一回、紙文書であるか電子文書（電子メールを含む。）であるかにかかわらず、職員による行政文書の作成や保存が適切に行われているかどうか点検・監査を実施」することも明記されました。その《留意事項》末尾においては、〈秘密文書管理要領〉として、特定秘密保護法の制定後から、「○秘密文書管理要領を定めるに当たっては、法の趣旨を踏まえるとともに、各行政機関における秘密文書の管理の実効性を確保するため、各行政機関それぞれの業務内容や取り扱う秘密文書の性格、組織体制等を考慮するものとする」とされていますが、この要領については、従前どおり、管理状況の報告事項です（次述7）。

これに加えて、別表第2、保存期間満了時の措置の設定基準、2具体的な移管・廃棄の判断指針、（4）特定秘密である情報を記録する行政文書では、「特定秘密である情報を記録する行政文書については、この表に定めるもののほか、特定秘密保護法、特定秘密保護法施行令及び運用基準を踏まえ、移管・廃棄の判断を行うものとする」と明記されています。

この点については次項において、情報公開法、公文書管理法、特定秘密保護法との関係について論じることとします。

最後に、教育の面について、公文書管理法ができた当時の川上陽子公文書管理担当大臣が、色々な修正案を入れるのであれば、研修・教育も充実させることを指示したことから、公文書管理法にも、その旨の32条が置かれています。しかし、例えば、第1章11で述べた南スーダンの日報等も個人メモとして扱うようなところでは、職員の教育がまったくできていないということであり、研修・教育を充実させるということを、今後の課題とすべきであると考えています。

同法34条が制度化を求める地方公共団体の公文書管理については、2017年6月に東京都が公文書管理条例を制定しましたが、公文書管理法と比べても十分なものではないので、修正を加える必要がありました。東京都公文書館の位置づけなども、独立した機関としての文書を管理する権限が実現される組織とすべきです。そして、これらは、今後検討すべき問題です。全ての自治体で公文書管理条例を作るということが自治体の首長の重要なテーマになるように、今後も盛り上げていきたいと考えています。この点、公文書管理法と同等の公文書管理条例として、神奈川県相模原市では、三宅私案[8]を参考にしていただきました。

7 指定された特定秘密の公文書管理と情報公開

既に述べたとおり、日本においては、1999年に行政機関情報公開法（「情報公開法」ともいう）、2001年に独立行政法人等情報公開法、2003年に個人情報保護法が制定されてきました。1988年制定の行政機関電算機個人情報保護法を改正するものとして2003年に行政機関個人情報保護法があわせて制定され、同時に独立行政法人等個人情報保護法も制定されました。この間、地方公共団体では、地方分権の観点から、独自に情報公開条例や個人情報保護条例が制定されていましたが、現行の行政機関情報公開法25条や個人情報保護法5条をふまえて、北海道乙部町を除いて、すべての地方公共団体において個人情報保護条例が制定されています。

さらに、2009年には公文書管理法が制定され、行政文書及び法人文書の管理について法制化され、行政機関は文書不存在を理由として情報公開請求を拒否することが制約されることとなりました。以上の法律や条例の関係を一覧すると、第4章末尾記載の「情報公開法制・個人情報保護法制の体系イメージ」（以下「情報法制体系図」）のとおりとなります。

その後、行政機関情報公開法や独立行政法人等情報公開法の改正が提案されましたが、3・11東日本大震災への対応が国会で優先審議となり、また、2010年の参議院議員選挙により、いわゆる衆参両議院のねじれ現象によって法案の国会可決が難しくなり、さらに、民主党政権から自公政権への政権交代とともに、改正の気運は遠のきました。加えて、新政権においては、衆議院と参議院の特別委員会で強行採決のうえ、2013年12月に特定秘密保護法（以下本項において「法」または「本法」）が制定されました。2014年10月には、特定秘密保護法施行令と運用基準を閣議決定し、12月10日に同法を施行しました。現在、本法に規定する別表の特定秘密が指定されています。特定秘密保護法の廃止を求めて運動をするも、現にある秘密と向き合わなければなりません。

法3条は、行政機関の長、合議制機関にあってはその機関ごとに、特定秘密として指定する権限と手続について定めています。特定秘密を指定するのは、次の19の行政機関の長のみとされています。①国家安全保障会議、②内閣官房、③内閣府、④国家公安委員会、⑤金融庁、⑥総務省、⑦消防庁、⑧法務省、⑨公安審査委員会、⑩公安調査庁、⑪外務省、⑫財務省、⑬厚

生労働省、⑭経済産業省、⑮資源エネルギー庁、⑮海上保安庁、⑰原子力規制委員会、⑱防衛省、⑲警察庁（施行令3条）。

ただし、法3条1項ただし書の政令で定める行政機関に該当するか否かを問わず、61の機関（2014年7月1日現在。最高検察庁、高等検察庁等については検察庁（1機関）として計上）すべてについて、国家公務員法100条1項及び109条12号の「職務上知ることのできた秘密」については、別途、「秘密文書等の取扱いについて（昭和40年4月15日事務次官等会議申合せ）」及び「政府機関の情報セキュリティ対策のための統一基準（平成26年5月19日情報セキュリティ政策会議決定）」によって管理されていました。しかし、2015年1月からは、内閣府公文書管理課において、一般の秘密文書の取扱いの見直しのため、「特定秘密以外の公表しないこととされている情報が記録された行政文書のうち秘密保全を要する行政文書（特定秘密である情報を記録する行政文書を除く）の管理」について、行政文書の管理に関するガイドラインを改正のうえ策定し、各府省庁の規則のモデルとしています。つまり上記19の行政機関以外の機関は、公文書管理法だけに基づいて、極秘と秘の2種に分けて秘密文書を取り扱っているということになります。

法3条1項は、特定秘密の要件として、①別表該当性、②非公知性、③特段の秘匿の必要性の3要件を充足することを要することとしています。本法による改正前の自衛隊法96条の2第1項と同様の規定であるといわれています。

この点、②及び③の要件から明らかなように、特定秘密は、実質秘（「非公知の事実であって、実質的にもそれを秘密として保護するに値すると認められるもの」（沖縄密約事件最決昭和53年5月31日刑集32巻3号457頁））の中から指定されるものです。沖縄密約事件においては、沖縄返還協定の締結に至るまでの日米両政府間交渉上、日本が米国に対し、同協定で定められた内容を超える財政負担等を国民に知らせないままに行う旨の密約があったとして、これを示す行政文書の国家公務員法100条1項の「秘密」性が問題となりました。実質秘は現行法上も国家公務員法（昭和22年法120号）等により保護され得るものですが、本法は、実質秘の中から特段の秘匿の必要性があるものを厳格な保護措置や重い罰則で保護しようとするものであり、実質秘の中から特別秘密に該当するものを抽出・明確化するための手段として、指定という制度を導入するものです。

沖縄密約事件の最決は、沖縄返還交渉上の密約について、「国家公務員法109条12号、100条1項にいう秘密とは、非公知の事実であって、実質的にもそれを秘密として保護するに値すると認められるものをいい」、「その判定は司法判断に服するものである」と判示するものであって、秘密指定の是非についても、その指定は極めて限定的なものにとどまり、かつ、その判定は司法の実質的判断に服することに留意する必要があります。

特定秘密保護法にかかる運用基準によれば、別表該当性の判断は、特定秘密保護法別表に掲げる事項の範囲内でそれぞれの事項の内容を具体的に示した事項の細目に該当するか否かによります。そこでは、事項の細目に該当する情報のすべてを特定秘密として指定せず、当該情報のうち、後述の非公知性及び特段の秘匿の必要性の要件を満たすもののみを特定秘密として指定する、とされています（運用基準Ⅱ、1、（1））。

行政機関情報公開法は、「国民主権の理念にのっとり、行政文書の開示を請求する権利につき定めること等により、行政機関の保有する情報の一層の公開を図り、もって政府の有するその諸活動を国民に説明する責務が全うされるようにする」（同法1条）ことを目的として制定されたものであり、特定秘密として指定される情報も、その前提として同法2条2項の「行政文書」に該当します。

同法は、何人にも「行政文書の開示を請求することができる」として、開示請求権を認め（同法3条）、行政文書の「原則開示」を定めるものです（行政改革委員会「情報公開法要綱案の考え方」三（2））。不開示はあくまでも例外であり、必要最小限の範囲に限定しなければなりません。開示することにより、個人や法人等の正当な権利・利益を害し、国の安全や公共の安全を損ないまたは行政の適正な遂行を妨げるような情報も存在します。そのため、同法5条柱書において開示を原則としつつ、開示による不利益の調整を図るため、一定の合理的な理由により不開示とする必要がある情報を「不開示情報」として、同法5条各号に限定的に列挙しています。

このうち、国の安全・外交情報については、「公にすることにより、国の安全が害されるおそれ、他国若しくは国際機関との信頼関係が損なわれるおそれ又は他国若しくは国際機関との交渉上不利益を被るおそれがあると行政機関の長が認めることにつき相当の理由がある情報」が、不開示情報となります（同法5条3号）。公共の安全等情報については、「公にすることにより、犯罪の予防、鎮圧又は捜査、公訴の維持、刑の執行その他の公共の安全と秩序の維持に支障を及ぼすおそれがあると行政機関の長が認めることにつき相当の理由がある情報」が、不開示情報となります（同法5条4号）。

本法における特定秘密は、行政機関情報公開法5条各号により不開示とする必要がある情報よりも、本来は、はるかに限定的に解釈適用されるものでなければなりません。本法3条1項は、行政機関情報公開法5条3号及び4号該当情報のうちでも「漏えいが我が国の安全保障に著しい支障を与えるおそれがあるため、特に秘匿することが必要であるもの」に限り、特定秘密として指定することが認められているにすぎないからです。したがって、行政機関情報公開法5条3号及び4号該当情報を広く特定秘密として指定することは許されません。

内閣官房も、本法制定の過程においては、「秘匿の必要性の判断にあたって③特定の必要性のみを基準とするのでは指定の裁量が大きく、何が特別秘密に該当するのかが不明確となってしまい、ひいては、特別秘密にかかる罰則の構成要件該当性が必ずしも十分に明確にはならない」としてきましたが、行政機関情報公開法や行政機関個人情報保護法に基づく不開示よりも秘密指定の裁量をできるだけ限定しなければ、不明確かつ漠然ゆえに無効（憲法31条の適正手続違反）と判断されることとなります。

特定秘密の指定の対象は、特定秘密保護法制定前の「防衛秘密」と同様、事項（事実、情報、知識その他の一定の内容の集合体たる無体物をいう）であり、個々の文書、物件ではありません。したがって、特別秘密の指定の効果は、個々の文書や物件にとどまるものではなく、客観的に同一性がある限り、事項を記録または化体する媒体の異同にかかわらず、いわば無限に及ぶものである、とされています。特定秘密の箱が指定され、その箱に個々の記録や媒体が入るという関係に立ちます。

他方、公文書管理法は、行政機関の職員は、政府の諸活動を「現在及び将来の国民に説明する責務が全うされるようにすること」という目的の達成に資するため、「当該行政機関における経緯も含めた意思決定に至る過程並びに当該行政機関の事務及び事業の実績を合理的に跡付け、又は検証することができるよう、処理に係る事案が軽微なものである場合を除き、……文書を作成しなければならない」として行政文書の作成義務を規定しています（公文書管理法4条本文）。

この作成義務の対象となるものは、「法令の制定又は改廃及びその経緯」（同法同条1号）のほか、「閣議、関係行政機関の長で構成される会議又は省議（これらに準ずるものを含む）の決定又は了解及びその経緯」（同条2号）、「複数の行政機関による申合せ又は他の行政機関若しくは地方公共団体に対して示す基準の設定及びその経緯」（同条3号）などの事項です。

国の安全・外交、公共の安全等、特定有害活動、テロリズムなど、「当該行政機関の所掌事務に係る別表に掲げる事項に関する情報であって、公になっていないもののうち、その漏えいが我が国の安全保障に著しい支障を与えるおそれがあるため、特に秘匿することが必要であるもの」は、特定秘密として指定されますが（3条本文）、重要な国家機密の指定であれば、当然に、これに関する「閣議、関係行政機関の長で構成される会議又は省議（これらに準ずるものを含む）における決定又は了解及びその経緯」について、行政文書が作成されなければなりません。特定秘密の指定行為もまた、公文書管理法4条に基づき、行政文書として作成され保存されなければなりません。その保存年限については、同法5条において規定されています。

すなわち、行政文書の分類、行政文書ファイルの作成、名称の設定とともに、「保存期間及び保存期間の満了する日を設定しなければならない」（同法5条1項）ということです。さらに、「レコード・スケジュール」として、個々の文書ごとに保存期間、期間満了時の措置等の文書のライフサイクル等を定める「レコード・スケジュール」の仕組みを導入しています。特定秘密として指定された情報も、公文書管理法に基づく、レコード・スケジュールに基づいて取り扱われることに留意し、特定秘密情報が廃棄されるまでに行政機関情報公開法に基づく情報公開請求をし続ける必要があります。

運用基準は、上記の関係をふまえて、「特定秘密である情報を記録する行政文書についても、公文書管理法や情報公開法の適用を受けることは、他の行政文書と異なることはない」、「特定秘密保護法の運用その他特定秘密に関する業務を行うすべての者は、……特定秘密保護法だけでなく公文書管理法と情報公開法についても適正な運用を徹底し、国民への説明責務を全うしなければならない」と明示しています（1、2、(2)）。

同時に、本法22条1項は、本法を「拡張して解釈して……はなら」ないことを規定し、これを受けて、運用基準においては、「特定秘密保護法が定める各規定を拡張して解釈してはならないこと」、「特に、……必要最低限の期間に限って特定秘密として指定するものとすること」も明示されています（1、2、(1)）。

国民が主権を有する民主主義国家にあっては、国の情報はすべて国民の情報であり、公開が原則とされることは、既に、行政機関情報公開法制定の立法運動の際に、「国民の目と耳が覆われ、基本的な国政情報から隔離されるとき、いかなる惨禍に見舞われるかは、過去の戦争をとおして私たちが痛切に体験したところである」と宣言されたところです[9]。

本法の強行採決による制定にあたり危惧されたように、本法は、戦前の治安維持法、軍機保護法、国防保安法等のように拡大して解釈適用されることがあってはなりません。そのためには、特定秘密が現用文書の中にあるときは行政機関情報公開法や行政機関個人情報保護法を、また、特定秘密を非現用文書として移管させたうえで公文書管理法を、それぞれ十分に活用することが、満州事変からアジア・太平洋戦争に至った過ちをくり返さないためにも必要です。

ところが、今般の特定秘密保護法は、防衛（別表一）、外交（別表二）の他、特定有害活動の防止（別表三）及びテロリズムの防止（別表四）を、特定秘密として指定しています。特定秘密指定の箱としては極めて大きなものです。これらの秘密情報は、都道府県警察においても保有されています。都道府県警察が特定秘密を保有するのは、①本法5条2項により警察庁長官が指定した場合において都道府県警察が保有するもの、②本法7条に基づき都道府県警察に利用させる必要があると認めて警察庁長官から提供したもの、及び③本条1項1号ロに基づき特定秘密の漏えい等の刑事事件の捜査において行政機関の長から提供を受けた場合であるとされます（同逐条解説）。

このうち、③の場合については、当該警察本部長が提供しようとする特定秘密が本条1項1号ロに掲げる業務において利用するものとして提供を受けたものである場合（刑事事件の捜査または公訴の維持であって刑訴法316条の27第1項（同条3項及び同法316条の28第2項において準用する場合を含む）の規定により裁判所に提示する場合の他、当該捜査または公訴の維持に必要な業務に従事する者に特定秘密を提供することを前提に提供する場合）、例えば、「捜査のため都道府県警察から検察庁に特定秘密を提供すること」は、「当然に予定されたものであることから、改めて、我が国の安全保障に著しい支障を及ぼすおそれがあるかどうか判断する必要はない」とされます（同逐条解説）。

しかし、上記①及び②の場合については、「我が国の安全保障に著しい支障を及ぼすおそれがあるかどうか」の判断は行われておらず、「そのような判断は、国内外の関係機関と情報交換を行い、全国警察の関連情報を集約し、分析評価を行っている警察庁のみが適切な判断を行うことができると考えられる」ため、③以外の場合により都道府県警察が保有する特定秘密を本法10条1項1号に掲げる場合に警察本部長が提供するときには、「同号に規定する我が国の安全保障に著しい支障を及ぼすおそれがないと認めることについて、警察庁長官の同意を得た場合に限る」としました（同逐条解説）。

警察本部長は、文書提出命令申立て手続において民訴法223条1項の規定により裁判所に提示する場合及び都道府県の情報公開条例に基づき審査会設置法9条1項の規定に相当するもの（一般に、情報公開審査会または情報公開・個人情報保護審査会）に提示する場合に限り特定秘密を提供することができます。

しかし、本法においては、公文書管理条例は、特定秘密提供の前提とされていません。前記のとおり、特定秘密情報は、公文書管理法に基づくレコード・スケジュールに基づいて取り扱われますが、都道府県の警察本部長は、国の「行政機関の長」ではなく、公文書管理法の適用対象外となります。公文書管理法と同様の公文書管理条例が都道府県レベルで整備されるか、情報公開条例が公文書管理法と同様の行政文書の保存・管理・利用について定めなければ、警察本部長の段階で特定秘密情報が恣意的に廃棄される危険は極めて高くなります。日本には、特別高等警察が思想弾圧し、その記録を戦後すぐに廃棄した、横浜事件や宮沢事件などの非難されるべき数多くの先例があります[10]。そのような先例の再来を許さないためにも、公文書管理条例を整備し、都道府県レベルでの特定秘密の保存、管理、利用を条例レベルにおいて確立することが必要です。あるべき公文書管理法と条例の内容については、4～6で述べたとおりです。

法4条は、特定秘密の有効期間に関する規定を設けています。その趣旨は、「無制限に特定秘密が指定されたり、特定秘密の指定が解除された後に、特定秘密が記録された行政文書等が不適切に廃棄されたりし、国民が後に何が特定秘密として指定されていたかを検証することができないような事態は適切ではない」ことによります（同逐条解説）。本法の逐条解説においては、特定秘密の不適切な廃棄や検証不能の事態を避ける観点が強調されています。

また本条は、公文書管理法の適切な運用と共に、廃棄や検証不能の事態を避けるために厳格な運用が求められます。前掲の19の行政機関の長は、本法3条に基づく特定秘密の指定をするときは、指定の日から起算して5年を超えない範囲内において有効期間を定めています（法4条1項）。

そして5年の期間満了時に、なお本法3条に基づく特定秘密の指定の要件を満たすことから指定の必要があるときは、5年を超えない範囲内において有効期間を延長されます（法4条2項）。「定期的に特定秘密の要件充足性を確認することとし、特定秘密の指定の要件充足性の確認に仮にも漏れが生じることのないようにする」趣旨です。

しかし、原則として、指定の有効期間は、通算して30年を超えることができません（法4

条3項)。国民が主権を有する民主主義国家にあっては、国の情報はすべて国民の情報であり、公開が原則とされます。1968年ICA〔国際公文書館会議〕マドリード大会における決議による30年原則は、日本の公文書管理制度の運用においては、厳格に適用されるべきです。

一方、本法4条3項にかかわらず、「政府の有するその諸活動を国民に説明する責務」(行政機関情報公開法1条、公文書管理法1条参照)を全うする観点に立っても、なお指定に係る情報を公にしないことが現に我が国及び国民の安全を確保するためにやむを得ないものであることについて、その理由を示して、内閣の承認を得た場合は、行政機関の長は、当該指定の有効期間を、通算して30年を超えて延長することができます(法4条4項本文)。なお、会計検査院は独立性が強いことから内閣の承認を得る手続からは除外されています。

その延長期間は、さらに通算して60年を超えることができませんが(法4条4項ただし書)、①武器、弾薬、航空機その他の防衛の用に供する物(船舶を含む。別表第1号において同じ)(同4項ただし書一)、②現に行われている外国(本邦の域外にある国又は地域をいう、以下同じ)の政府又は国際機関との交渉に不利益を及ぼすおそれのある情報(同4項ただし書二)、③情報収集活動の手法又は能力(同4項ただし書三)、④人的情報源に関する情報(同4項ただし書四)、⑤暗号(同4項ただし書五)、⑥外国の政府又は国際機関から60年を超えて指定を行うことを条件に提供された情報(同4項ただし書六)、⑦前各号に掲げる事項に関する情報に準ずるもので政令で定める重要な情報(同4項ただし書七)については、60年を超えても、なお、特定秘密指定の有効期間を延長することができます。

行政機関の長は、特定秘密指定の有効期間を30年を超えて延長するにあたり内閣の承認を得ようとする場合においては、収納物を外部から見ることができないような運搬容器に特定秘密文書等を収納し、施錠したうえで、行政機関の長が当該行政機関において当該特定秘密の取扱いの業務を行わせる職員のうちから指名するものに当該運搬容器を携行させたうえ（施行令10）、内閣に当該特定秘密を提示することができます。この場合に、閣議については公文書管理法4条の趣旨に基づき議事の内容を記載した議事録が作成されているため、特定秘密の提示がなされたことは、外形的には明らかとなるはずです（法4条5項）。閣議の議事録の情報公開請求をもって、特定秘密の指定の経過をたどる手掛りとなるように運用するべきです。

行政機関の長は、特定秘密指定の有効期間を30年を超えて延長するにあたり内閣の承認を得ることができなかったときは、公文書管理法8条1項の規定にかかわらず、当該指定に係る情報が記録された行政文書ファイル等の保存期間の満了とともに、これを国立公文書館等に移管しなければなりません（法4条6項）。公文書管理法8条1項によって、行政機関の長は、保存期間が満了した行政文書ファイル等については、歴史公文書等に該当するものは国立公文書館等への移管の措置をとるか、それ以外のものにあっては、廃棄の措置をとります。しかし、特定秘密に係る行政文書ファイル等は、特定秘密指定の有効期間を30年を超えて延長するにあたり内閣の承認を得ることができなかった、当該指定に係る情報が記録された行政文書ファイル等の保存期間の満了とともに国立公文書館への移管を義務付けられます。

しかし問題は、有効期間を30年を超えて延長することなく、つまり内閣の承認を得る手続を経ることなく、特定秘密情報が記録された行政文書ファイル等については、公文書管理法8条1項により、同法5条5項に基づき、移管または廃棄されることです。保存期間が満了した行政文書ファイル等を廃棄しようとするときは、あらかじめ、内閣総理大臣に協議し、その同意を得なければならなりません（公文書管理法8条2項）。特定秘密の指定が解除された情報を記録した行政文書ファイル等が、公文書管理法8条の手続によらず、違法に廃棄されることのないように注意を要します。

また、この廃棄にあたっての公文書管理法8条2項の内閣総理大臣の同意の手続は、そもそも、内閣府公文書管理課の職員20数名程度による実際の手続において、適正になされるか、課題のあるところですから、特に注意を要します。第4章5で述べる公文書管理庁を設置して、アメリカのＮＡＲＡ（国立公文書館・記録管理庁）には及ばないとしても、カナダ等の諸外国と同レベルでの公文書の廃棄審査を行い、秘密指定解除後の元秘密文書が国立公文書館に移管されて歴史の検証がなされるようにすべきなのです。

行政機関の長は、指定をした情報が、本法3条1項に規定する特定秘密の指定の要件を欠くに至ったときは、有効期間であっても、当該指定に係る旧特定秘密文書等について、特定秘密表示を抹消したうえで、指定解除表示をし（施行令11条1項1号）、当該指定について通知を受けた者（法3条2項2号または法5条2項もしくは4項の規定による）や当該行政機関の長から当該指定に係る特定秘密の提供を受けた者（法6条1項、7条1項、8条1項、9条、10条1項または18条4項後段の規定による）に対して、当該指定を解除した旨及びその年月日を書面により通知し（法11条1項2号）、特定秘密指定管理簿に当該指定を解除した旨及びその年月日を記載し、または記録する（法11条1項3号）措置を講じます。その際、特定秘密であった情報を記録する文書または図面（施行令11条2項1号）、電磁的記録（同11条2項1号）、記録または化体する物件（同11条2項3号）のそれぞれについて、指定解除表示の方式が定められています（同11条2項本文）。

しかし、行政情報の公開原則の立場から認められるべき、国民の特定秘密指定解除請求は認められていません。特定秘密指定制度について参考とされた米国においては、秘密指定解除請求制度が認められています。日本においても、国政情報は「国民共有の知的資源」（公文書管理法1条）であるという観点から、特定秘密指定解除請求制度が認められるべきであり、これは立法的課題です（後述8参照）。

そして、この制度は、前記のとおり（159頁）、警察本部長が特定秘密を保有することから都道府県における公文書管理条例においても制度化されるべきです。

国の安全・外交、公共の安全等、または特定有害活動、テロリズムなど「当該行政機関の所掌事務に係る別表に掲げる事項に関する情報であって、公になっていないもののうち、その漏えいが我が国の安全保障に著しい支障を与えるおそれがあるため、特に秘匿することが必要であるもの」は特定秘密として指定されますが（法3条本文）、重要な国家機密の指定であれば、当然に、「閣議、関係行政機関の長で構成される会議又は省議（これらに準ずるものを含む。）における決定又は了解及びその経緯」について、行政文書が作成されなければなりません。特定秘密の指定行為は、公文書管理法4条に基づき、行政文書として作成され保存されなければならないのです。

現用文書については、行政機関情報公開法に基づく公開請求や、行政機関個人情報保護法に基づく本人情報開示請求ができますし、非現用文書として、国立公文書館や外交史料館等に移管された行政文書については、利用請求（公文書管理法16条1項）ができます。

上記のとおり、特定秘密の指定の対象は、事項を記録または化体する媒体の異同にかかわらず、いわば無限に及ぶというのですから、行政文書として記録または化体された情報については、現用、非現用の区別なく、何人も情報公開請求や特定歴史公文書利用請求をして、これを捕捉することが必要です。利用請求に対する処分について不服がある者は、国立公文書館等の長に対し、行政不服審査法による異議申立てをすることができます（公文書管理法21条1項）。異議申立ては、公文書管理委員会に諮問されますが（同法同条2項）、特定歴史公文書等不服審査分科会に付託されます（公文書管理委員会運営規則6条1項）。

最近の公文書管理委員会（特定歴史公文書等不服審査分科会）の決定事例について、「日韓請求権問題参考資料（第3分冊）」などかつての外交機密情報が、やがてその大半において利用可能となったものがあります[11]。

例えば、行政文書の管理に関するガイドラインによれば、「①『行政文書ファイル』や『当該行政文書ファイルに含まれる行政文書』を容易に検索することができるよう、行政文書ファイルの内容を端的に示す（複数の）キーワード……を記載する。②特定の担当者しか分からない表現・用語……は使用せず、具体的なプロジェクト名や地域名を盛り込むなどして、他の職員や一般の国民も容易に理解できる表現・用語とする」とされています。さらに、行政文書ファイル等の管理を適切に行うため、行政文書ファイル管理簿を作成し（公文書管理法7条1項）、公表しなければなりません（同条2項）。

特定秘密についても、行政文書ファイル管理簿において、行政文書ファイル等として適正に表記されていれば、何人も、現用文書については行政機関情報公開法による情報公開請求を、非現用文書について公文書管理法による特定歴史公文書等利用請求を、それぞれすることができます。特定秘密が、保存期間中に、公文書管理法8条2項に基づく内閣総理大臣の同意を得ないで廃棄されることがないように怠りなく監視したうえで、適正に運用されれば、上記「日韓請求権問題参考資料（第3分冊）」のように、「時の経過」を経て、やがては利用可能となります。

公文書管理法に基づく公文書管理と特定秘密法に基づく秘密の管理との調整は、特定秘密保護法の廃止や抜本的見直しにおいても、重要な課題です。

沖縄返還密約の情報公開訴訟である最判2014(平成26)年7月14日判例時報2242号51頁は、行政機関情報公開法2条及び3条をふまえて、「当該行政機関が当該行政文書を保有していることがその開示請求権の成立要件とされていることからすれば、開示請求の対象とされた行政文書を行政機関が保有していないことを理由とする不開示決定の取消訴訟においては、その取消しを求める者が、当該不開示決定時に当該行政機関が当該行政文書を保有していたことについて主張立証責任を負うものと解するのが相当である」として開示請求者の市民側に文書存在の証明を求めました。そして、具体的には、「ある時点において当該行政機関の職員が当該行政文書を作成し、又は取得したことが立証された場合において、不開示決定時においても当該行政機関が当該行政文書を保有していたことを直接立証することができないときに、これを推認することができるか否かについては、当該行政文書の内容や性質、その作成又は取得の経緯や上記決定時までの期間、その保管の体制や状況等に応じて、その可否を個別具体的に検討すべきものであり、特に、他国との外交交渉の過程で作成される行政文書に関しては、公にすることにより他国との信頼関係が損なわれるおそれ又は他国との交渉上不利益を被るおそれがあるもの(情報公開法5条3号参照)等につき、その保管の体制や状況等が通常と異なる場合も想定されることを踏まえて、その可否の検討をすべきものというべきである」と判示しています。

そのうえで、沖縄返還密約文書については、「その開示請求の内容からうかがわれる本件各文書の内容や性質及びその作成の経緯や本件各決定時までに経過した年数に加え、外務省及び財務省（中央省庁等改革前の大蔵省を含む。）における保管の体制や状況等に関する調査の結果など、原審の適法に確定した諸事情の下においては、本件交渉の過程で上記各省の職員によって本件各文書が作成されたとしても、なお本件各決定時においても上記各省によって本件各文書が保有されていたことを推認するには足りないものといわざるを得ず、その他これを認めるに足りる事情もうかがわれない」（傍点――引用者）として、開示請求者による上告を棄却しました。

沖縄返還密約文書については、この最判の原審・東京地判２０１０（平成22）年４月９日判例時報２０７６号19頁の口頭弁論終結後に、外務大臣の委嘱により発足した有識者委員会が２０１０年３月９日付で「いわゆる『密約』問題に関する有識者委員会報告書」を発表し、同東京地判では証拠とはならなかったものの控訴審・東京高判２０１１（平成23）年９月29日判例時報２１４２号３頁においては、証拠として評価の対象とされています。

同東京高判は、沖縄返還密約文書については、吉野文六・外務省アメリカ局長（当時）とリチャード・スナイダー・駐日米国公使（当時）が、それぞれ「イニシャルを書き込んで完成させ、北米第一課の事務官にその写しをとらせ、所管課の北米第一課においてこれを保管することとなった」旨の事実認定をしていました。一方、外務省は、「情報公開法の制定により、情報公開請求に応じて……公開しなければならなくなり、それまでの外務省の説明が事実に反していたことを露呈することを防ぐため、その施行前に、……通常の管理方法とは異なる方法で管理されていた可能性の高い本件文書一⑴及び⑵を秘密裏に廃棄し、ないし外務省の保管から外したという可能性を否定することができない」という認定をしています。

しかし、前掲最判2014（平成26）年7月14日は、「原審の適法に確定した諸事情の下において」文書を廃棄した外務省を救済する、いわば先例とはならない事例判断です。公文書管理法が制定され、すべての現用文書について、レコード・スケジュールにしたがって保存、管理されるという現在においては、このような外務省による無断廃棄は、あってはならないことであり、本来ならば公用文書等毀棄罪（刑法258条）に該当します。

公文書管理法に従って現用文書が保存、管理される限り、前記東京地判2010（平成22）年4月9日が判示するとおり、「当該行政文書が、当該行政機関の職員が組織的に用いるものとして一定水準以上の管理体制下に置かれることを考慮すれば、原告である開示請求者において上記①（過去のある時点において、当該行政機関の職員が当該行政文書を職務上作成し、又は取得し、当該行政機関がそれを保有するに至ること——引用者注）を主張立証した場合には、上記②（その状態がその後も継続していること——引用者注）が事実上推認され、被告において、当該行政文書が上記不開示決定の時点までに廃棄、移管等されたことによってその保有が失われたことを主張立証しない限り、当該行政機関は上記不開示決定の時点においても当該行政文書を保有していたと推認されるものというべきである」という判旨が、公文書管理においては先例として尊重されるべきでしょう。

このことは特定秘密の管理であろうとも変わりのないはずです。情報公開法制の体系は、本章末尾記載の情報法制体系図（228頁）のとおりとなりますが、この体系においては、本来、特定秘密は、存在するとしても、行政機関情報公開法と行政機関個人情報保護法の枠内のいわばピンポイントにすぎない、ごく限られたものとしてしかないはずです。

情報公開法制定時の「情報公開法要綱案の考え方」（「考え方」）によれば、「国家公務員法第100条等、行政機関の職員に守秘義務を課している規定における秘密とは、実質秘（非公知の事実であって、実質的にそれを秘密として保護するに値するものをいう）に限られるとされており、実質秘を漏らせば国家公務員法等違反となり、懲戒処分又は刑事罰の対象となる」と解釈されています（「考え方」4）。この他に、この秘密とは、形式的な秘密指定を前提条件とする最判1977（昭和52）年12月19日刑集31巻7号1053頁もあり、極めて限定的に解釈されています。これらを前提に、「考え方」は、「行政機関の職員は、情報公開法による不開示情報以外の情報を開示しなければならない義務及び不開示情報を開示してはならない義務と、国家公務員法等による実質秘を漏らしてはならない義務とを負っており、実質秘と不開示情報の位置付けの問題と職務義務規定の適用の問題との2点について、両者の間に矛盾抵触があってはならない」ものとしています（同4（10））。

以上の関係は、形式秘の指定を受け、不開示情報にも該当し（「開示してはならない」）、かつ実質秘ともいえる情報だけを、職員がどうしても守秘しなければならない情報として、開示請求によっても開示されないものとします。そしてこの情報が公務員の「職務上知り得た秘密」に該当すると考えられます。

さらに、以上の関係をふまえて、「考え方」は「情報公開法に基づき適法に開示をしている限りにおいては、国家公務員法等の守秘義務違反による責任を問われないとすることが可能と考え」たうえで、「個別具体的な場合においては、開示することに優越的な公益が認められる場合があり得るところであり、このような場合には、行政機関の長の高度の行政的判断により開示することができるとすることが合理的である」との観点から、公益上の理由による裁量的開示の規定（情報公開法7条）を認めています（「考え方」4（8）、（10））。この関係をさらに発展させると、それでも開示されない行政情報について、民事訴訟法の文書提出命令の規定によって開示される場合が生じることになります。

また、「国家公務員法等の実質秘の範囲は具体的に定められているとは言い難いことから、それが明確であることを前提として、不開示情報の範囲と法律の規定上関連付けることは困難であり、また、両者の範囲を関連付けることは、情報公開法の立法において不開示範囲を定める場合の必須要件ではない」との趣旨から（「考え方」4（10））、法令秘の不開示情報の規定を設けていません。また、「開示・不開示の判断は、開示請求があった都度なされるのであるから、いったん不開示とされた行政文書であっても、その後の事情の変化により、開示されるべきものとなることがあることは当然である」との考えにたち（同4（1））、行政文書の作成または取得からの一定年数の経過を開示・不開示の判断基準とする規定、いわゆる時限秘の規定も設けられていません。

政府は、1965年の事務次官等会議申合せ「秘密文書等の取扱いについて」に基づき各行政機関がそれぞれ規定を整備して管理を行ってきた特定秘密以外の情報が記録された行政文書について、公文書管理法の下で各行政機関統一の文書管理のルールとして整理することとしました。2015年3月13日内閣総理大臣決定による「行政文書の管理に関するガイドラインの一部改正」です。同時にそれは、特定秘密保護法の施行を受け、特定秘密である情報が記録された行政文書についても公文書管理法の体系下で管理されることを明確化するための改正でもありました。

これによれば、特定秘密は、各府省庁の特定秘密保護規程に基づき、また、国家公務員法等の実質秘は、「特定秘密以外の公表しないこととされている情報が記録された行政文書のうち秘密保全を要する行政文書」（以下、本項で「特定秘密以外の秘密保全を要する行政文書」という）として、「極秘文書」及び「秘文書」として管理されます。

しかし、行政機関情報公開法・行政機関個人情報保護法・公文書管理法に基づく、情報公開請求・利用請求と特定秘密及び「特定秘密以外の秘密保全を要する行政文書」との関係は、行政機関情報公開法の制定時の「考え方」で既に明らかにされています。それは、これら行政機関情報関連三法中の不開示情報・利用請求拒否情報と国家公務員法等の実質秘についての考え方を、何ら変更するものではありません。

行政情報関連三法の枠内の不開示情報・利用請求拒否情報と同等の広範な特定秘密指定・「特定秘密以外の秘密保全」の指定の取扱いをされることのないよう、その厳格な運用がなされない限り、特定秘密保護法及び秘密保全を要する行政文書の管理規定は、廃止か抜本的見直しを求められることになるでしょう。

特に、保存期間1年未満の特定秘密文書の廃棄が問題となりますが、2017年12月に改正された行政文書管理ガイドライン及び2018年3月に改正された各府省庁の行政文書管理規則に基づき、重要又は異例の取扱いにかかる行政文書として（141頁参照）、保存期間1年以上の行政文書として取り扱われているか注視すべきです。

8　特定秘密の保存・移管の徹底から知る権利の保障へ

前項では、行政機関情報公開法、公文書管理法と特定秘密保護法の関係を明らかにし、さらに、特定秘密情報文書も適正に管理されて、レコード・スケジュールに従って、行政情報公開請求や特定歴史公文書等利用請求の対象となって公開（利用）されなければならないことを明らかにしました。

問題は、沖縄返還密約文書の無断廃棄の悪例にみるような特定秘密情報文書の無断廃棄です。この問題の解決には、そのような無断廃棄を許さない公文書管理と、廃棄についての内閣総理大臣の同意手続（公文書管理法8条1項）が適正になされるかにかかっています。また、特定秘密の保存・移管の徹底から「国民共有の知的資源」及び「現在及び将来の国民に説明する責務」（公文書管理法1条）をはたすことをもって、「国民の知る権利の保障」（特定秘密保護法22条）も実施されるよう、その運用にあたっては特段の注意を要します[12]。

なお、本書と同様に、行政機関情報公開法・公文書管理法と特定秘密保護法の関係を明らかにするものとして、藤原静雄「政府保有情報の公開と秘密保護」論文[13]があります。同藤原論文は、本書と同様、司法審査にあたってのインカメラ審理の必要性、そして、そのための情報公開法改正の必要性についても論じています。

本書や藤原論文を参考として、さらに、情報公開法改正、公文書管理法の運用改善、及び特定秘密指定解除請求権の制度化などを追求していくことが、特定秘密保護法の廃止・抜本見直しと共に、情報法制における、これからの残された課題です。

9　改正個人情報保護法による本人情報開示・訂正等・利用停止等請求の行使の要件

プライバシー・個人情報保護のために、民間部分においては、本人情報の開示・訂正等、利用停止等請求を裁判手続によって行うことができます。本項では、スノーデン・ショックを超えるために、自己の保有個人データの開示請求、訂正請求、利用停止請求、第三者提供停止の請求を情報収集会社に対して行ったが、すべて拒否されたとき、どの裁判所に訴えて、どのような主張と証拠を準備すればいいかを、解説します。

２０１５年改正の個人情報保護法31条は、本人の利用目的の通知、開示、訂正等、利用停止等、第三者提供の停止請求に対し、個人情報取扱事業者が本人の求める措置をとらないこと、または異なる措置をとることを本人に通知する場合に、個人情報取扱事業者に理由の説明を努める義務があることを定めています。これをふまえて、保有個人データの開示請求、訂正請求、利用停止請求の請求原因事実に対する否認事由や抗弁事由として裁判上の主張がなされるのです。

各種の措置をとらないことができる理由が複数あるときは、いかなる理由によるものであるかを示す必要があり、また、個人情報取扱事業者の判断が適正になされている根拠を示す必要があります。このことは、本人にとっては、各種の措置がとられないことに対する裁判上の訴えの提起などの救済手段を求める際の重要な資料ともなります。

法32条は、本人が、利用目的の通知、開示、訂正等、利用停止等、第三者提供の停止請求をする場合の手続と代理人による開示手続について規定しています。裁判上の訴えの提起に至るまでの要件としても、これらの手続を経る必要があります。

さらに法34条は原則として、ただし書の場合を除いて、本人が当該本人と識別される保有個人データの開示、訂正等請求または利用停止等請求に係る訴え提起をしようとするときは、その訴えの被告となるべき者に対し、あらかじめ当該請求を行い、かつ、その到達した日から2週間を経過した後でなければ、その訴えを提起することはできないことを規定しています。

利用目的通知（法27条）と開示（法28条）の手数料（法33条）とあわせ、裁判上の訴えの提起の準備という観点から、法31～34条について解説します。

まず、本法には、プライバシー・個人情報保護の観点から、本人が個人情報取扱事業者の保有個人データについて関与する仕組みが存在します。これは、透明性の確保の原則を具体化したものです。

本人の関与は、利用目的の通知（法27条2項）、開示（法28条1、2項）、訂正等（法29条1、2項）、利用停止等（法30条1、2項）の場合です（以下、開示等）。

開示等の請求手続については、政令（施行令）で定めるところにより、個人情報取扱事業者が定めます。開示等の請求を行う本人は、この手続に従って開示等の請求を行わなければなりません（法32条1項）。

施行令で定める内容として、法32条1項の規定により個人情報取扱事業者が開示等の請求等を受け付ける方法として定めることができる事項は、次のとおりです（施行令10条、ガイドライン通則編3-5-6）。

①開示等の請求等の申出先――（例）担当窓口名・係名、郵送先住所、受付電話番号、受付FAX番号、メールアドレス等

②開示等の請求等に際して提出すべき書面（電磁的記録を含む。）の様式、その他の開示等の請求等の受付方法――（例）郵送、FAX、電子メールで受け付ける等

③開示等の請求等をする者が本人又はその代理人（①未成年者又は成年被後見人の法定代理人、②開示等の請求等をすることにつき本人が委任した代理人）であることの確認方法

④保有個人データの利用目的の通知又は保有個人データの開示をする際に徴収する手数料の徴収方法

開示等の請求権の行使という重要な法律関係の内容を明確にするため、開示等の請求は書面

を提出して行うのが望ましいでしょう。

書面は、開示等の請求を受け付ける窓口に持参して提出するほか、遠隔地に居住する者、入院中の者、未決拘禁者、受刑中の者など、窓口に書面を持参することが困難な本人の便宜を考慮して郵送で行うことも可能とすべきです。ファクシミリ、電子メール等による提出も、受領した旨の返信メールを行うなどして、そのメールのやり取りを保存しておくべきですが、電子メールなどは特に本人確認の観点からの工夫が必要です。

本人確認の手続は、必要以上に厳格に行うと、本人の開示等の請求を制限することになります。一方、本人確認の手続を粗雑に行うと、本人の予期しないところで、第三者に本人の個人情報が開示されることになりかねず個人情報の保護に欠けます。そこで、本人に過重な負担を課することがないような手続にしつつ（法32条4項）、事案の性質、保有個人データの取扱状況、開示等の請求等の受付方法等に応じて適切なものであるとともに（ガイドライン通則編3-5-6）、本人確認を慎重に行うことが必要となります。

ガイドライン通則編3-5-6では、本人と代理人とに分けて、次の事例を掲示しています。

事例1）本人の場合：運転免許証、健康保険の被保険者証、個人番号カード（マイナンバーカード）表面、旅券（パスポート）、在留カード、特別永住者証明、年金手帳、印鑑証明書と実印。

事例２）代理人の場合：本人及び代理人について、運転免許証、健康保険の被保険者証、個人番号カード（マイナンバーカード）表面、旅券（パスポート）、在留カード、特別永住者証明、年金手帳等。このほか、代理人については、代理を示す旨の委任状（親権者が未成年者の法定代理人であることを示す場合は、本人及び代理人が共に記載され、その続柄が示された戸籍謄抄本、住民票の写し）。

本人が窓口に書面を持参して提出する場合には、本人確認は、本人の氏名が記載されており、かつ、法律に基づき本人自身に交付され本人以外が所持することが通常考え難い書類の提示で足りるでしょう。具体的には健康保険の被保険者証、運転免許証、在留カードなどが考えられます。本人が、社会保険に未加入である、旅行中の外国人であるなどやむをえない理由でこれらの書類を提示することができない場合には、地方公共団体の交付する書類や外国政府の発行するパスポートなどの書類で代えるべきでしょう。なお、戸籍謄本や住民票の写しなどは本人以外でも取得できる場合があるため、本人確認に用いる書類とすることは妥当ではありません。

郵送の場合には、本人の住所が記載された上記の本人確認に用いる書類の写し等の提出が必要となります。

個人情報取扱事業者は、提示または提出される書類の内容に応じ、口頭で質問を行うなど、本人であることを補足的に確認することが必要な場合もあります。ただし、本人の開示等の請求を制限することのないよう配慮が必要です（法32条4項）。

また、開示等の請求の書面の記載事項として、①本人の氏名、住所または居所②対象となる保有個人データを特定するに足りる事項は最低限必要です。本人の氏名、住所（居所）の記載は、本人の同一性を確認するとともに、個人情報取扱事業者が本人と連絡を取る場合、さらに本人に開示等の決定を通知する必要があるからです。

対象となる保有個人データを特定するに足りる事項（同条2項）の記載は、必要的記載事項です。開示等の請求に対し、個人情報取扱事業者が保有個人データを検索し、開示等の請求に応じるべきか否かの審査を行い、開示等の決定を行う前提として、保有個人データを特定しうることが不可欠だからです。

特定の程度としては、個人情報取扱事業者が、当該記載から本人が求める保有個人データを検索できる程度の記載があれば足ります。具体的な特定の方法としては、保有個人データが記録されているデータベースの名称、記録されている個人データの概要や個人データの取得年月日等の事項を組み合わせて表示することになるでしょう。不開示等の措置に対して裁判上の訴えを提起する場合にも、請求の趣旨の記載事項となりますので、できる限り特定しておく必要があります。

しかし、個人情報取扱事業者がどのような形で本人の個人データを保有しているのかは不明であることが多く、保有個人データの特定を自ら行うことが困難な場合が容易に想定されます。

そこで、このような場合、個人情報取扱事業者は、本人が容易かつ的確に開示等の求めをすることができるよう、当該保有個人データの特定に資する情報の提供その他本人の利便を考慮した適切な措置をとらなければなりません（同条2項）。個人情報保護法は、個人情報取扱事業者の負担やコンピュータに散在している個人情報の利用の実態を考慮し、個々の利用目的ごとに個人情報を整理・管理することは求めていません。そこで、個人情報取扱事業者においては、ファイル管理簿の作成義務はないが、データベース等全体の包括的な利用目的を明確化し、公表することによって、本人が保有個人データの特定を容易にできるような情報の提供を行わなければならないのです。

開示等の請求は、代理人によって行うことができます（同条3項）。本来、開示等の請求は、透明性の確保の観点から、保有個人データの本人からの請求により、当該本人に対して開示等を行う本人関与の制度ですから、本人が請求し得る限り一般に代理人による開示等の請求を認める実益は少ないです。しかし、本人の中には、本人自身が開示等の請求を行うことが困難な者も存在します。そこで、開示等の請求を代理人によって行うことが認められています。代理人によって行う手続は、施行令11条において、法32条3項により開示等の請求等をすることができる代理人として、①未成年者又は成年被後見人の法定代理人（施行令11条1号）、②開示等の請求等をすることにつき本人が委任した代理人（施行令11条2号）として定められています。

ここにいう法定代理人は、未成年者の場合、第一次的には親権者、第二次的には未成年後見人であり、成年被後見人の場合は成年後見人です。なお、任意代理の場合は、使者や郵送による開示等の請求等を認める以上、代理を認める必要性は低いです。

なお、未成年者または成年被後見人の法定代理人が、開示等の請求を代理請求する場合には、法定代理人であることを証明するための書類を提示または提出する必要があります。

法33条1項は、保有個人データの利用目的の通知（法27条2項）を求められたときと、保有個人データの開示の請求（法28条1項）を受けたときは、手数料を徴収することができるとし、2項は、手数料の額について定めています。個人情報取扱事業者は、「実費を勘案して、合理的と認められる範囲内」で手数料を定めなければなりません。個人情報取扱事業者が、実費を反映した額全額を本人から徴収することができるとした場合、利用目的の通知や開示の制度を本人が利用することに抑制が働くおそれがあるため、個人情報取扱事業者は、実費を勘案するもののその額を合理的であると認められる範囲内に収めなければなりません。

また、当該手数料の額を定めた場合には、本人の知り得る状態に置かなければなりません（法27条1項3号）。この状態には、本人の求めに応じて遅滞なく回答する場合を含みます[14]。

自己が識別される保有個人データの開示、訂正等（法34条1項本文）又は利用停止等若しくは第三者提供の停止の個人情報取扱事業者に対する請求について裁判上の訴えを提起しようとするときは、あらかじめ裁判外において当該請求を個人情報取扱事業者に対して行い、かつ、当該請求が当該個人情報取扱事業者に到達した日から２週間を経過した後でなければ、当該訴えを提起することができません。例えば、本人から個人情報取扱事業者に対する保有個人データの開示請求が４月１日に到達した場合には、本人が当該請求に係る裁判上の訴えを提起することができるのは、当該到達日の翌日から起算して２週間が経過した日（４月16日）以降となります。請求は、その請求が通常到達すべきであった時に、到達したものとみなされます（法34条２項）。

保有個人データの訂正等とは、保有個人データの訂正、追加又は削除のことをいいます。保有個人データの利用停止等とは、保有個人データの利用の停止又は消去のことをいいます。

ただし、個人情報取扱事業者が当該裁判外の請求を拒んだときは、２週間を経過する前に、当該請求に係る裁判上の訴えを提起することができます（法34条１項ただし書）。

「当該裁判外の請求を拒んだとき」とは、法28条３項、29条３項及び30条５項に掲げる場合のほか、個人情報取扱事業者が当該請求を行った者に対して特に理由を説明することなく単に当該請求を拒む旨を通知した場合等も含まれます。

また、自己が識別される保有個人データの開示、訂正等又は利用停止等若しくは第三者提供の停止について仮処分命令を申し立てるときも、同様に、あらかじめ個人情報取扱事業者に対し、これらの請求を行い、かつ、当該請求が当該個人情報取扱事業者に到達した日から２週間を経過した後でなければ、当該仮処分命令を申し立てることができません（法34条３項）。

10　本人情報開示・訂正等・利用停止等請求の訴訟提起の要件

　以上9で述べた開示等の手続をすべて完了したうえで、それでも開示等がなされない場合に、当該本人の保有個人データにかかる開示等を求めて、裁判所に訴えを提起することとなります。

　裁判所に訴えを提起して当該本人の保有個人データの開示を請求するときは、請求の趣旨（民訴法133条2項2号）として、「被告は、原告に対し、別紙保有個人データ目録記載の保有個人データを開示せよ」などと記載することが必要です。別紙保有個人データ目録記載の保有個人データは、被告となる個人情報取扱事業者が法27条に基づき保有個人データに関する事項の公表等を行っていますので、原告となるべき本人が当該個人情報取扱事業者に対し、開示請求する保有個人データの内容が特定されるように回答を求めることが必要です。そのうえで、法34条に基づき、直接当該個人情報取扱事業者に対しあらかじめ当該開示請求を行い、事前の請求の過程で、さらに保有個人データをできる限り特定しておく必要があります。この事前の請求がなされずに、いきなり裁判上の訴えを提起しても、訴訟要件を欠くものとして、訴えは却下されます。

　この他、訴訟要件としては、前記9の開示等の請求手続において、本人確認の手続がとられたこと、代理人による開示等の請求がなされたことなどが摘示される必要があります。

開示を請求する訴訟提起の手続については、他の民事訴訟と異なるところはありません。裁判管轄については、原則として被告すなわち保有個人データの保有者である個人情報取扱事業者の住所地に訴えを提起することとなります。

【開示等の請求の主張立証事由】

請求の趣旨「被告は、原告に対し、別紙保有個人データ目録記載の保有個人データを開示せよ」に対し、以下の原告の主張と被告の主張がなされることになります。

(1) 開示を請求する本人の主張立証事由（請求原因）

ア 被告（事業者）が、当該本人が識別される保有個人データを有していること（法28条1項）

イ 原告が、事前の請求（法34条1項本文）の他前記9の訴訟要件を具備する者として、法2条1項に基づき、上記アの保有個人データを開示請求したこと

ウ 原告のイの開示請求に対し、被告が同開示請求を拒否したこと

エ しかし、被告によるウの拒否は違法であること

(2) 開示請求を拒否する事業者が主張立証すべき事由

被告は、上記(1)、イの開示請求は、次のいずれかに該当することを、具体的事実を摘示して主張立証することにより、その全部又は一部の開示を拒否することができます。

ア　開示することにより、本人又は第三者の生命、身体、財産などの他の権利利益を害するおそれがあること（法28条2項1号）

イ　開示することにより、本人が当該事業者の業務の適正な実施に著しい支障を及ぼすおそれがあること（同条同項2号）

ウ　開示することにより、他の法令に違反することとなるとき（同条同項3号）

エ　開示することについて、他の法令の規定により特別の手続が定められていること（同条4項）

【訂正、追加又は削除の請求の主張立証事由】

請求の趣旨「被告は、原告に対し、別紙保有個人データ目録記載の保有個人データを訂正（もしくは追加又は削除）せよ」に対し、以下の原告の主張と被告の主張がなされることとなります。

（1）訂正（もしくは追加又は削除）を請求する本人の主張立証事由（請求原因）

ア　被告（事業者）が保有する当該本人が識別される保有個人データの内容が事実でないこと（法29条1項）

イ　原告が、事前の請求（法34条1項本文）の他、前記9の訴訟要件を具備する者として、法29条1項に基づき、上記アの保有個人データの訂正（もしくは追加又は削除）を請求

したこと

ウ　原告のイの訂正（もしくは追加又は削除）の請求に対し、被告は、同請求を拒否したこと

エ　しかし、被告によるウの拒否は違法であること

（2）訂正（もしくは追加又は削除）請求を拒否する事業者が主張立証すべき事由

被告は、上記（1）、イの訂正（もしくは追加又は削除）請求は、次のいずれかに該当することを、具体的事実を摘示して主張立証することにより、その全部又は一部の訂正（もしくは追加又は削除）を拒否することができます。

ア　その内容の訂正（もしくは追加又は削除）について、他の法令の規定により特別の手続が定められていること（法29条2項）

イ　その内容の訂正（もしくは追加又は削除）が、当該保有個人データの利用目的の達成のために必要でないこと（同条同項）

【利用停止又は消去の請求の主張立証事由】

請求の趣旨「被告は、原告に対し、別紙保有個人データ目録記載の保有個人データを利用停止（又は消去）せよ」に対し、以下の原告の主張と被告の主張がなされることとなります。

（1）利用停止（又は消去）を請求する本人の主張立証事由（請求原因）

ア　被告（事業者）が保有する当該本人が識別される保有個人データが次のいずれかに該当

すること
（ア）法16条の規定に違反して取り扱われていること（特定された利用目的の範囲を超えて利用されていること）（法30条1項）
（イ）法17条の規定に違反して取得されたものであること（偽りその他不正の手段により取得されたこと）（同項）
イ　原告が、事前の請求（法34条1項本文）の他、前記9の訴訟要件を具備する者として、法30条1項に基づき、上記アの保有個人データの利用停止（又は消去）を請求したこと
ウ　原告のイの利用停止（又は消去）の請求に対し、被告は、同請求を拒否したこと
エ　しかし、被告によるウの拒否は違法であること
（2）利用停止（又は消去）を拒否する事業者が主張立証すべき事由
被告は、上記（1）、イの利用停止（又は消去）請求は、次のいずれかに該当することを、具体的事実を摘示して主張立証することにより、その全部又は一部の利用停止（又は消去）を拒否することができます（ただし、裁判所において、事業者がとった措置が不十分であると判断された場合には、利用停止（又は消去）が命じられることとなります）。
ア　違法の是正のためには、請求に係る保有個人データの一部の利用停止又は消去で足りること（法30条2項）
イ　利用の停止（又は消去）に多額の費用を要する場合その他の利用停止等を行うことが困

難であり、かつ、本人の権利利益を保護するために必要な代替措置をとったこと（同条同項）

【第三者提供の停止請求の主張立証事由】

請求の趣旨「被告は、原告に対し、別紙保有個人データ目録記載の保有個人データを第三者に提供することを停止せよ」に対し、以下の原告の主張と被告の主張がなされることとなります。

（1）第三者提供の停止を請求する本人の主張立証事由（請求原因）

ア　被告（事業者）が保有する当該本人が識別される保有個人データが法23条1項又は法24条に違反して第三者に提供されていること（法30条3項）

イ　原告が、事前の請求（法34条1項本文）の他、前記9の訴訟要件を具備する者として、法30条1項に基づき、上記アの保有個人データの第三者への提供の停止を請求したこと

ウ　原告のイの第三者への提供の停止の請求に対し、被告は、同請求を拒否したこと

エ　しかし、被告によるウの拒否は違法であること

（2）第三者提供の停止請求を拒否する事業者が主張立証すべき事由

被告は、上記（1）、イの第三者提供の停止請求は、次に該当することを、具体的事実を摘示して主張立証することにより、第三者提供の停止を拒否することができます（ただし、裁判

所において、事業者がとった措置が不十分であると判断された場合には、第三者提供の停止が命じられることとなります）。

第三者への提供停止に多額の費用を要する場合その他の提供停止等を行うことが困難であり、かつ、本人の権利利益を保護するために必要な代替措置をとったこと（同条4項）

11 監視社会化に抗するための行政機関個人情報保護法の改正を

9及び10では、スノーデン・ショックを超えて、監視社会化に抗するために、民間部門においては、改正個人情報保護法による本人情報開示・訂正等・利用停止等請求権を行使して、企業や他人が自分の情報を誰がどの程度把握しているか、誤った情報がないか確認できること、そして誤った情報の流出が止められない時は、情報流通のシステムをも止める手続があることを説明しました。日本においても自己情報コントロール権（情報自己決定権）やIT基本権を確立するために、大いに活用すべきです。

しかし、スノーデン・ショックが明らかにしたように、政府による全ての個人の情報を収集する能力は、格段に向上しています。日本においても、共謀罪法案が、参議院本会議での法務委員会の再審議を省略して、採決強行されました。第2章9で述べたとおり、市民の日常生活にもかかわる277種類もの広範の法律に違反する行為について、これまでの刑法では予備罪にも該たらない犯罪の合意（共謀）と準備のための行為を処罰しようとするものです。治安維持法の再来を許してはならないことを強調しましたが、共謀罪法は、第2章9で述べた山城博治・沖縄平和センター議長の不当拘留の例が明らかにするとおり、政府や企業活動を批判するような市民活動や労働組合などの活動を規制するための逮捕勾留、そのためのEメール、LINE、インスタグラムを含む様々な通信手段による情報収集やさらにはこれから採用されかねない会話の傍受などによる広範な情報収集を促し、市民のプライバシーの権利（憲法13条）、思想・良心の自由（憲法19条）、さらには表現の自由（憲法21条）を侵す危険が極めて高いのです。

しかし、残念ながらこれまでは、監視国家に抗して市民が直接的に行使することのできる法的手段は、制度化されてきませんでした。

２００３年５月に新しい行政機関個人情報法が制定されるにあたり、行政機関等個人情報保護法制研究会（座長＝茂串俊元内閣法制局長官）が２００１年10月19日に、「行政機関等の保有する個人情報の保護に関する法制の充実強化について――電子政府の個人情報保護」と題する報告書（以下、本章において「２００１年報告書」）を取りまとめていますが、ここでは、いわゆる「センシティブ情報」の保護についても、規定をおかないこととしました。

２００１年報告書は、センシティブ情報とは何かについて争いがあり、結果、「ＯＥＣＤ理事会勧告[15]」第７において、単に個人情報の収集には制限を設けるべきであるとの一般的表現に留められている」として、「行政機関法制も基本法制と同様に一般法として広範な領域を規律することから、特定分野における特定の取扱いがされる一定の個人情報について規律することは困難である。したがって、この問題については、政府において、引き続き、国民等の意見及び要望を踏まえつつ、個別分野ごとの専門的な検討を行うことを期待する」とされました（同報告書9頁）。

またここでは、「行政機関法制においても、個人情報の性質及び利用方法に応じた適切な保護が図られるよう、個人情報の取扱いについて厳格な運用がなされる必要がある」とされています（同9頁）。野党からの修正提案もあったところであり、行政機関個人情報保護法においては、本人情報の開示、訂正等及び利用停止等の請求を通じて、個人情報の性質に応じた、個別的救済を実現し、その集積を受けて、一般的義務としてのセンシティブ情報の収集禁止を行政機関個人情報保護法の将来的課題とすることが、この時から求められていました。

2003年に新しい行政機関個人情報保護法案を審議した衆議院の個人情報の保護に関する特別委員会は、「思想、信条、宗教、病気及び健康状態、犯罪の容疑、判決及び刑の執行並びに社会的差別の原因となる社会的身分に関する個人情報の取得又は保有に当たっては、利用目的を厳密に特定するとともに、可能な限り法律その他法令等によって取得根拠を明確にし、その利用、提供及び安全確保に特段の配慮を加えること」を附帯決議とし、参議院の同委員会も同じ附帯決議をしています。

しかし、特定秘密保護法の制定により、特定秘密にかかわる公務員、自衛官、さらには防衛産業の従業員などには、同居人を含む家族構成や飲酒の量に至るまでの個人情報を政府に報告して秘密取扱いの適否を判断する適性評価制度が導入され（特定秘密保護法12条）、監視社会化の中核的機能を担っています。さらに、個人情報保護制度についての法務委員会での再審議を経ることなく、共謀罪法が成立したことは既に述べたとおりです。また、２０１６年の通信傍受法の改正により通信傍受は既に拡大し、会話傍受にまで踏み込みかねない状況です。「壁に耳あり、障子に目あり」と恐れられた、戦前の治安維持法下の状況は、絶対に再来させてはなりません。

そのためには、まず第一に、行政機関個人情報保護法10条2項を改正し、特に個人情報ファイルの保有等に関する事前通知が適用除外されている「国の安全、外交上の秘密その他の国の重大な利益に関する事項を記録する個人情報ファイル」（同項1号）と、「犯罪の捜査、租税に関する法律の規定に基づく犯則事件の調査又は公訴の提起若しくは維持のために作成し、又は取得する個人情報ファイル」（同項2号）を警視庁や公安調査庁が保有していることが総務大臣に事前通知され、その存在が明らかになるとともに、その防衛、外交、テロ防止・特定有害活動（スパイ）等の犯罪にかかる個人情報について、行政機関個人情報保護法に基づく本人情報開示（14条）、訂正・追加・削除請求権（27条）及び保有個人情報の利用の停止、消去又は提供の停止請求権（36条）を実効あるものにしなければなりません。

共謀罪法の採決強行の直前の2017年5月18日、国連プライバシー権に関する特別報告者のジョセフ・カナタチ氏は、共謀罪法案が「プライバシーに関する権利と表現の自由への過度の制限につながる可能性があるとの懸念」を表明する書簡を安倍総理大臣に送付しました。これは、実は、「プライバシーに関する権利は、この法律の幅広い適用の可能性によって特に影響を受けるように見えます」という法案の根本的な問題点を指摘し、日本の法制度、特に政府等の公的部門において、プライバシーを守るための法的な仕組み、司法による厳しい監視、情報機関に対する監督措置などが想定されていないことを指摘するものでした。

しかし、政府はこの警告を無視して、6月15日早朝に共謀罪にかかる改正組織犯罪処罰法を採決強行したのです。熟議というには程遠い手荒な国会運営です。

通信傍受の範囲が拡大され、また、組織的犯罪集団として認定されたときには、犯罪の実行行為に至るまでもなく、共謀の存否が捜査の対象となるところまで、公安警察によって私たちは監視されることとなりました。戦前の特別高等警察の再来に対する歯止めの措置もないままで。

民間部門においては、2015年の個人情報保護法の改正により、本人情報開示請求、訂正等、利用停止等の請求権が疑いのないものとされましたが、公的部門、特に政府における警視庁公安課や公安調査庁による個人情報収集においては、まず、防衛・外交・犯罪捜査等にかかる個人情報ファイルも本人情報開示請求、訂正等、利用停止等の請求権行使の対象となり、さらには、個人情報保護委員会がプライバシー侵害のおそれや個人情報保護を侵害する個人情報収集について、ドイツにおけるデータコミッショナーのような（前述97頁）立入調査権を行使し、違法な個人活動収集について、個人情報の訂正・追加・削除、個人データベースの利用停止・消去などを実際に行うという緊張関係のある個人情報保護施策を採ることができるようにするべきです。

カナタチ氏は、2017年10月2日の日弁連における「共謀罪に反対し、プライバシー権を守るシンポジウム」において、プライバシーや個人情報の保護施策は、ドイツよりも、国の内外の人によって区別しないオランダの方がすぐれていると発言しましたが、公的部門と民間部門を共に保護するヨーロッパに伝統のある個人情報保護施策をさらに研究し、日本にも導入することが必要です。

法務省、検察庁、警察庁などにおいて、2003年の行政機関個人情報保護法の事前通知すべき個人データから除外されたことを変更し、かつ、個人情報保護委員会に権限を移譲することを嫌うのであれば、国内人権委員会を独立して設けて、そこで、準司法手続によって、独自の個人情報保護施策を確立していくことが必要です。

注

（1）秋山幹男ほか編『情報公開』学陽書房、1987年。

（2）三宅弘『情報公開ガイドブック――立法から活用の時代へ』花伝社、1995年。
（3）三宅弘『情報公開法の手引き――逐条分析と立法過程』花伝社、1999年。
（4）藤田宙靖『最高裁回想録――学者判事の七年半』有斐閣、2012年、98頁も参照のこと。
（5）三宅弘『原子力情報の公開と司法国家―情報公開法改正の課題と展望』日本評論社、2014年、260頁。
（6）前掲『原子力情報の公開と司法国家』258頁。
（7）前掲『時を貫く記録としての公文書管理の在り方～今、国家事案として取り組む～』
（8）前掲『原子力情報の公開と司法国家』235頁、三宅弘「公文書管理法の意義・課題と公文書管理条例への提言」自治体法務研究20号37頁。
（9）1980年の「情報公開法を求める市民運動」による権利宣言、前掲秋山ほか編『情報公開』18頁。
（10）明石博隆・松浦総三編『昭和特高弾圧史1～8』太洋出版社、1975～76年。
（11）http://www8.cao.go.jp/koubuniinkai/fufukutou/2013/20140325/20140325toushin.pdf
（12）『最先端技術関連法研究』13・14号合併号、国士舘大学、2015年3月初出。
（13）『ジュリスト』13号、有斐閣、2015年、28頁。
（14）以上につき、三宅弘・小町谷育子『個人情報保護法――逐条分析と展望』青林書院、2003年。
（15）「プライバシー保護と個人データの国際流通についてのガイドラインに関する理事会勧告」、1980年。

第4章　プライバシー権と知る権利の保障の要となる情報自由基本法

1　知る権利の保障と情報自由基本法の構想する社会

アジア・太平洋戦争に敗戦し、ポツダム宣言を受諾したことで、治安維持法、国防保安法、軍機保護法等の戦時法は廃止され、いわば真空状態の平和主義が日本国憲法前文と9条によって実現しました。しかし、「戦後」も70年を超えると戦争体験者も年々減少し、日米同盟を基軸とする積極的平和主義の指向が強まりつつある昨今です。

そんな中、第1章6で述べたとおり、2012年12月の自公政権の誕生以後、情報公開法改正の気運は遠のいています。2013年12月に特定秘密保護法の採決強行による制定以後は、2014年7月に集団的自衛権の行使容認の閣議決定、2015年9月に安全保障法制の採決強行による制定、2017年6月にはいわゆる共謀罪を規定する改正組織犯罪処罰法の採決強行による制定が続きました。

これに対し、日弁連では、秘密保護法、共謀罪立法について、新しい戦時法としての側面があることもあわせ考えて、これによる人権弾圧をくり返すことのないように、情報自由基本法案の制定を提案しています。以下で、その提案を示し、項目ごとに若干の解説をします。

【情報自由基本法の制定を求める—原則】

①　目的

この法律は、国民主権の下において、公的情報は本来、国民の情報であるとともに公的資源であり、この公的情報を適切に公開、保存することが市民の知る権利に資するとともに民主的な政治過程を健全に機能させることに鑑み、憲法第21条第1項の保障する市民の知る権利を具体化し、かつ発展させる法律として制定される。この法律は、公的情報の公開、保存及び取得に関し、基本理念を定めるとともに、国及び地方公共団体等の責務を明らかにする。また、公的情報の公開、保全及び取得の基本となる事項を定めること等により、公的情報の適切な公開、保存を総合的に推進し、もって、国民が主権者として民主的な政治過程に一層参加することができるとともに、市民に必要な情報が行き渡る社会の実現に寄与することを目的とする。

【解説】

目的規定は、知る権利の保障による公的情報の適切な公開、保存の基本理念を日本の情報法制の中核に位置付けることを明らかにするものです。知る権利を包摂している表現の自由をより一層明確化するために、憲法21条を改正して、知る権利の保障を改正条項として明記することも考えられますが、そのような憲法改正が実現するような政治状況にはないことをふまえた法案の目的規定です。憲法13条の幸福追求権についても、「新しい人権」として、知る権利の保障を解釈上構成することは可能ですので、この目的規定をもって、憲法の保障する知る権利の立法化、いわゆる人権具体化法を目指す趣旨を明らかにしたものです。

> ② 定義
>
> (ア) 公的機関
>
> 国及び地方公共団体並びにこれらの機関の代理又は機能を代行し、又は、これらの機関から一定割合以上の出資を受けて運営される民間団体をいう。

【解説】

現在は、行政機関と独立行政法人情報公開法に規定された独立行政法人だけが情報公開法の対象機関ですが、東京電力株式会社など国からの出資助成がない限りたちゆかない民間団体なども、情報公開法の対象機関とすることで広く情報公開制度が社会全般に行き渡ることを求めています。

（イ）公的情報
公的機関により保有され、又は覚知されている情報であって、それが保有されている形式や媒体を問わない。この中には、職務に役立たせるために作成されたメモ、記録、覚書、書籍、描画、計画、図表、写真、視聴覚記録、電子メール、日誌、標本、模型及びあらゆる電子形式で保存されたデータが含まれるが、これらに限定されるものではなく、有形無形を問わない。

【解説】
技術開発により、情報の記録媒体の進化発展に対応して、公文書管理法や情報公開法の「行政文書」が制限的に取り扱われることのないよう、その基本方針を定めるものです。

（ウ）制裁
刑事上、民事上及び行政上の措置を含むあらゆる形態の処罰又は不利益を指す。

【解説】

後述4の森友学園売買契約決裁記録の改ざんなど、刑法の公文書変造罪（155条）や虚偽公文書作成罪（156条）では対応しえない隙間の不正に対しては、公文書管理法に罰則や懲戒処分の規定を設けることなどの基本方針を定めるものです。

③ 基本理念

（ア）公的情報は、国民主権の下では国民の情報であり、その公開が憲法第21条第1項の保障する市民の知る権利に資するとともに、民主的な政治過程を健全に機能させることに鑑み、原則として公開されなければならない。

（イ）公的情報の公開及び取得が制限されるのは例外であって、公的機関は制限の正当性についての証明責任を負うものとする。

（ウ）公的情報のうち、以下の類型のもの又は一定の年限を経過したものについては、公開することの公益性が高いことに鑑み、原則として制限が許されないものとし、例外的な制限については、公的機関が、その高度の正当性について証明責任を負うものとする。

一　自衛隊、警察、検察庁、内閣情報調査室及び公安調査庁の組織、予算及び資金の支出に関する情報並びに当該機関に関する告示・通達

二　他国と締結された協定その他の合意事項の存在と条項
三　自衛隊の装備の概要及び自衛隊の活動に関する情報
四　国家による個人等の監視に関する情報
五　公的機関や公務員による憲法・法令違反、権力濫用に関する情報

【解説】

行政情報の原則公開、例外の非公開措置のためには、公的機関が証明責任を負い、不開示情報は限定的に解釈適用されなければならないのですが、行政機関としては、ともすれば、不必要に広範囲に非公開にしがちです。このため、原則公開の基本理念を謳うと共に、一定期間経過後は公開されるべき重要情報を摘示したものです。

④　公的機関の責務
（ア）公的機関は、本法律の理念に則り、市民の知る権利が憲法第21条第1項で保障されていることを踏まえ、公的情報の公開、保存及び取得に関する施策を策定し、実施する責務を負う。
（イ）公的機関の職員は、本法律の目的や基本理念を達成するために、当該公的機関における経緯も含めた意思決定に至る過程並びに当該公的機関の事務及び事業の実績を

合理的に跡付ける、又は検証することができるよう、文書を作成し、整理し、保存しなければならないとともに、廃棄又は移管に当たっては、市民に意見を述べる機会を付与しなければならない。

（ウ）公的機関は、公的機関の職員が、公的情報の公開をし、又は、市民の公的情報の取得に応じた場合、当該情報公開等が不正の利益を得る目的、公的機関や他人に損害を加え若しくはその安全を脅かす目的、その他不正の目的で行われ、かつ、公的情報の取得により失われた利益と、これにより市民の知る権利等に資することになった利益とを考慮して、前者が後者を著しく上回ると認められる場合でない限り、制裁を科してはならない。

（エ）公的機関の職員以外の者が、公的機関が非公開とした公的情報を取得したとしても、可罰的な手段により、専ら不正の利益を得る目的又は公的機関や他人に損害を与え若しくはその安全を脅かす目的で行われ、かつ、公的情報の取得により失われた利益と、これにより市民の知る権利等に資することになった利益とを考慮して、前者が後者を著しく上回ると認められる場合でない限り、制裁を科してはならない。

【解説】

上記の基本理念に基づき、公文書の公開、保存及び取得に関する施策を定めると共に、公的機関の職員及び職員以外の者による制裁を科されない公益通報のあり方を提言しています。アメリカのホイッスル・ブロアー法の影響を受けて、日本においても、公益通報者保護法が制定されましたが、国家の違法秘密を内部告発した際の、公益通報者保護については、法整備ができていません。スノーデン氏も、アメリカに帰還させられると、スパイ活動法によって処罰される可能性が極めて高いのですが、彼を内部告発者として保護する法整備は、アメリカにおいても課題です。（エ）は、この法整備の課題を提示するものです。

⑤ 裁判上の措置等

（ア）国は、公的情報を裁判所へ提供する制度を構築することのほか、裁判所が公的情報の公開、保存、取得又はその制裁に関する裁判の審理を十分に行うことができる施策を実施する責務を負う。

（イ）国は、憲法第31条の適正手続の保障の観点から、刑事裁判の審理に当たり、被告人が防御に必要な公的情報の開示を受ける権利を有することを確認し、被告人の防御に必要な公的情報の開示をする責務を負う。

（ウ）国は、秘密指定に関する独立した監視機関を設置するとともに、当該監視機関に全ての情報に接することができる権限を付与すべき責務を負う。

【解説】

国及び公的機関の公的情報は、健全な民主主義の根幹を支える国民共有の知的資源であり、国等の諸活動を現在及び将来の国民に説明する責務が全うされるようにするために（公文書管理法1条参照）、公的情報は民事、刑事の裁判手続きを問わず、裁判所に提出されなければならない原則を定めたものです。第3章1で述べた情報非公開決定処分取消訴訟における「インカメラ審理」と「ヴォーン・インデックス」手続もここに位置付けられます。また、秘密指定については、独立した監視機関により、その適法性が判断されなければならない原則を明らかにしています。

日弁連が考える情報自由基本法の骨子における関係法律の位置付けは、本書末尾の別添図2のとおりです。

ここでは、国民主権と憲法21条と31条に基づく知る権利の保障を具体化するものとして、「公的情報は本来、国民の情報」をあげ、民主政の発展のために情報自由基本法の原則を明らかにします。そのうえで情報公開等の促進のために、情報公開法の改正（前述第3章1）や情報公開条例の改正が求められています。

また、情報の作成・整理・保存の強化のために、後述する森友公文書改ざん問題に対応する公文書管理法の改正や公文書管理条例の普及・制定（前述第3章6）を求めています。

国家秘密の指定の制限・明確化のために、秘密保護法の廃止又は抜本的見直しを求めています。その主要な点は、公的情報は原則秘密指定できないこととし、秘密保護の正当性は公的機関に立証責任を負わせることと、秘密指定に関し独立した第三者機関（独立監視機関）を設置し、当該機関に全ての情報に接する権限をもたせることです。国家公務員法100条の「秘密」は、公文書管理法に基づく各府省庁の行政文書管理規則に基づく極秘と秘により分別されているので、公文書管理法の適正運用により違法な秘密廃棄ができないようにすることが大切です。

2　公益通報者保護等の残された課題

情報自由基本法の構想の中でも、情報取得・開示に対する制裁の限定として、国家秘密を含む公益通報者保護法の改正も必要です。公益通報者保護法は、内部告発に至った労働者に不利益を与えることを禁止することを通じて、公益通報者の保護を図るとともに労務提供先の会社などにおける通報を促進し、通報に真剣に耳を傾ける事業者が国民の生命、身体、財産その他の利益の保護にかかわる法令遵守（コンプライアンス）を促進することを直接の目的としています（法1条）。しかし、通報者や通報対象事実の範囲が限定され、通報対象先の定義規定も複雑で、通報先ごとの通報者保護の要件が厳格に過ぎるなど、公益通報を促すものとはいえず、

２００６年4月の施行に至る法案審議の当初から、その実効性を批判されていました。

法の保護を受ける「労働者」（法2条1項）には、公務員も原則として含まれるものと解されています。しかし、文部科学省の前川喜平前事務次官が加計学園獣医学部新設問題における「総理のご意向」文書を明らかにしたことに対応して、同省職員がその内部文書の存在をリークしましたが、これに対し、義家弘介文部科学副大臣（当時）は、２０１７年6月13日の参議院農林水産委員会において、内部文書の存在の内部告発が「国家公務員法上の守秘義務違反にある可能性がある」と発言しました。これには、国家公務員法上の「秘密」は実質秘に限る（本書１７０頁）にもかかわらず、この点の理解に欠けるという問題があります。

「総理のご意向」文書は、内閣府に出向した文科省職員の報告が文書とされて前川事務次官に報告されたものであることから、組織として共用した「行政文書」であり「公文書」です。文科省の担当課の共有サーバーだけを調査して不存在を結論付けたことも誤りでした。前事務次官が保有する組織共用文書なのですから、文科省のすべての共有サーバーを調査し、関係する職員が使用するコンピュータのメールの添付ファイル等も調査しない限り、「不存在」などと結論付けることはできません。しかもその内容は、秘指定はないし、非公知の事実で実質的に秘密として保護に値すると判断されるものでもありません。加えて、この内部告発者に対し、国家公務員法の守秘義務違反の可能性があるなどと国会が答弁することにより、公益通報に萎縮効果も生じさせています。

公益通報者保護法は、アメリカのホイッスル・ブロワー法を参考にしましたが、それよりも実効的ではないのです。加えて映画『スノーデン』でも、スノーデン氏がアメリカに帰れば、スパイ活動法により、非公開・不公正な裁判によって有罪とされる可能性が示唆されていました。日本では沖縄密約事件（東京地判1974（昭和49）年1月31日判例時報732号12頁）において、西山太吉毎日新聞記者は、国家秘密を入手するにあたり報道記者の取材行為の目的の正当性と手段方法の相当性を認められ無罪とされましたが、前掲最判1978（昭和53）年5月31日（152頁）は、違法秘密の法理をも否定し、その目的の正当性と手段方法の相当性は認められず有罪としています。この問題は、特定秘密保護法の制定時にも何ら解決されることはありませんでした。これは国家秘密を含む公益通報者保護法改正の、最大の論点です。

3　日弁連人権大会が提言したプライバシー保護と表現の自由の保障の展望

第1章12で述べたとおり、情報自由基本法構想は、表現の自由に包摂された知る権利の保障のための情報公開の促進と権力監視の仕組みの強化の展望を明らかにしました。

パノプティコン（全方位監視型施設、前述第2章6）社会を克服するためのプライバシー権保障の充実についての展望はどうでしょうか。

2015年の改正個人情報保護法により、特に民間部門においては、本人情報開示請求・訂正等請求・利用停止等請求権を有効に利用することや、マイナンバーによる一元管理の規制をも対象とする個人情報保護委員会の権限強化により、プライバシーを保護し監視社会化に抗することができることが明らかになりました（前述第2章8）。

問題は、政府と独立行政法人等の周辺団体におけるプライバシー保護法の未整備の状況です。行政機関が保有する防衛・外交や犯罪捜査等にかかわる個人データを事前通知から除外している行政機関個人情報保護法の改正、さらには、一旦は法制化が国会に提案された国内人権委員会の整備は、喫緊の課題です（前述98頁）。

これらの個人データの事前通知を前提として、行政機関や独立行政法人等に対し、本人情報開示請求・訂正等・利用停止等請求権を実効あらしめ、さらに個人情報保護委員会あるいは国内人権委員会が、ドイツ・データコミッショナーのように立入調査権を具体的に行使し、警視庁公安課や公安調査庁等の情報機関を監督し、個人情報データベースから不必要な個人データを削除するということが行われるべきでしょう。日本の公安警察は、戦前の特別高等警察の歴史を受け継いで、警察法2条に基づき、インターネット上のデータ監視、大半の犯罪の嫌疑についての通信傍受等を行うことができるという、ヨーロッパの個人情報保護施策からは、およそ信じられないプライバシー侵害の実態であることも明らかになりました。

ここでは、GPS任意捜査違憲最高裁判決を糧として、刑事司法手続きをも含めて、プライバシー保護の法整理を求めるとともに、個別具体的な権利のための闘争を通じて、①インターネット上のデータ監視の禁止、②ＧＰＳ捜査などの強制捜査の法令による規制、③通信傍受拡大の抑制と会話傍受法制化の阻止、④「共謀罪」規定の廃止ないし抜本的見直しと運用監視、⑤情報機関の監督、⑥マイナンバーによる一元管理の規制を求めていくことが必要なことも明らかになりました。

２０１７年10月５日の日弁連人権大会決議は、スノーデン・ショックと森友・加計問題を超えるものとして、監視社会化に抗する個人情報保護と情報公開の最近の論点を明らかにし、これらの日本の情報法制の方向性を鳥瞰するものとして、画期的なものとなったことも、ご理解いただけたことと思います。

4　森友公文書改ざん問題

本書を閉じるにあたり、森友学園への国有地売却にかかる財務省における公文書改ざん問題について、項を立てなければなりません。民主主義の危機を論じなければならない、公文書管理にかかる戦後最大のスキャンダルとなっているからです。

２０１８年３月２日、朝日新聞は、「森友文書書き換えの疑い」」、「財務省、問題発覚後か交渉経緯など複数箇所」という見出しで、以下のリード文をもって、公文書改ざん問題をスクープしました。同年６月４日の財務省「森友学園案件に係る決裁文書の改ざん等に関する調査報告書」（以下、「6月4日調査報告書」）は、以下のスクープ記事を裏付けることとなりましたが、ここでは、このスクープを追っていくこととします。

「学校法人・森友学園（大阪市）との国有地取引の時に財務省が作成した決裁文書について、契約当時の文書の内容と昨年2月の問題発覚後に国会議員らに開示した文書の内容に違いがあることがわかった。学園側との交渉についての記載や、『特例』などの文言が複数箇所でなくなったり、変わったりしている。複数の関係者によると、問題発覚後に書き換えられた疑いがあるという。」

3月2日朝日新聞朝刊1面（14版）に基づき、その後判明した事実も付記して森友公文書改竄（以下「改ざん」）問題から、政局とは別に、公文書管理法及び情報公開法の改正の方向性、ひいては日本の民主主義のあるべき姿を明らかにしたいと考えます。

スクープ記事では、改ざんは、「２０１５～16年に学園と土地取引した際、同省近畿財務局の管財部門が局内の決裁を受けるために作った文書」とされました。「１枚目に決裁の完了日や局幹部の決裁印が押され、２枚目以降に交渉経緯や取引の内容などが記されている」ともあります。「起案平成27年４月28日　決裁完了平成27年４月28日」と記された普通財産（貸付）決議書と、「起案平成28年６月13日　決裁完了平成28年６月14日」と記された普通財産売払決議書です。国交省は、3月5日に、両者の相違点を財務省に伝え、決裁当時の改ざん前文書の写しを財務省に渡しました。国交省の保有文書では、貸付決議書の「事案の経緯」や売払決議書の調書が欠落し、貸付決議書の記述内容も、国会提出開示文書では一部異なっていたと報告されています。

隠し切れなくなったからでしょうか、3月12日に財務省は、森友学園との国有地取引に関する決裁文書の書き換えを認め、国会に調査報告を提出しました。3月13日朝日新聞朝刊（14版）によれば、以下のとおりです。

「取引問題が発覚した昨年2月以降、14件の文書を意図的に改ざん。削除部分には安倍晋三首相の妻昭恵氏の名前もあった。政府は同省（財務省）理財局の指示を認定し、国会答弁との整合性をとるためだとした。」

平成30年3月12日付け財務省「決裁文書についての調査結果」と題する書面においては、上記合計14の決裁文書について、以下の1~14の「決裁文書の書き換えの状況」が資料として付けられ、「約３００箇所の書き換え」として報道されたところです。

1．貸付決議書①「普通財産決議書（貸付）」（平成27年4月28日）

2. 貸付決議書②「普通財産決議書（貸付）」（平成27年5月27日）
3. 売払決議書「普通財産売払決議書」（平成28年6月14日）
4. 特例承認の決裁文書①「普通財産の貸付けに係る承認申請について」（平成27年2月4日）
5. 特例承認の決裁文書②「普通財産の貸付けに係る特例処理について」（平成27年4月30日）
6. 承諾書の提出について（平成26年6月30日）
7. 未利用国有地等の処分等の相手方の決定通知について（平成27年2月20日）
8. 予定価格の決定について（年額貸付料（定期借地））（平成27年4月27日）
9. 特別会計所属普通財産の処理方針の決定について（平成27年4月28日）
10. 有益費支払いに関する意見について（照会）（平成28年2月25日）
11. 有益費支払いに関する三者合意書の締結について（平成28年3月29日）
12. 国有財産の鑑定評価委託業務について（平成28年4月14日）
13. 予定価格の決定（売払価格）及び相手方への価格通知について（平成28年5月31日）
14. 特別会計所属普通財産の処理方針の決定について（平成28年6月14日）

3月12日の財務省の「決裁文書についての調査の結果」によれば、上記1～5の決裁文書については、「昨年（２０１７年）2月に本件が国会で取り上げられて以降、昨年2月下旬から4月にかけて、財務省理財局において、下記の決裁文書（上記1～5の決裁文書が相当する）について、書き換えが行われていたことを確認した」ということです。

加えて、上記6～14の決裁文書については、「このほか、主として上記の決裁文書の書き換えの内容を反映するかたちで、残り9件の決裁文書（上記6～14の決裁文書）の書き換えが行われており、計14の決裁文書について書き換えが行われていることを確認した」と記されています。上記14の文書は、「平成28年6月14日」作成であることから、その書き換えは昨年（２０１７年）6月にまで及んでいるということが判明します。

このうち、上記5の「特例承認の決裁文書②『普通財産の貸付けに係る特例処理について（平成27年4月30日）』」は、本省理財局における電子決済で書き換えが行われたものとされ、これ以外は本省理財局の指示により近畿財務局において書き換えが行われたものとされています。それ以外の1から4と6から14は、近畿財務局の紙媒体の文書ファイルに綴られた決裁文書の改ざんです。

しかし、3月27日の佐川元理財局長の証人喚問では、誰の指示により、何のために、実際には誰によって上記各文書の書き換えが行われたのかは全く明らかにされませんでした。佐川氏は「刑事訴追のおそれがあるから答弁を控えたい」と4時間内で40回以上証言を拒否したとされています。自身の改ざん指示行為が虚偽公文書作成罪（刑法１５６条）の構成要件に該当する可能性があることを承知し、証言を拒否したものと推測できます。

首相や首相夫人による本件改ざんへの関与については、与党議員の「指示はありませんでしたね」という誘導質問に対して「ございません」と明確に証言。訴訟手続であれば、いわゆる主尋問において誘導質問は禁止されているところですが、これがくり返されたことで、かえって証言の信用性が減殺されました。この証人喚問は、「そのやりとりからは指示以外の働きかけの有無はわからない。非常に巧妙な出来レースのような印象」（片山善博・元総務相）、「改ざん前の決裁文書を見る限り、少なくとも財務省が総理夫人の関与を意識したことは間違いない。これを否定しようとする印象操作に近い残念な質問だ」（青木理氏）などと評されています[1]。こうして3月14日付朝日新聞朝刊（14版）の「文書外部の目触れるのはまずい」、「焦る本省、財務局に指示次々」の見出しによる記事における推論の信用性が高まったのです。

貸付決議書と売払決議書について、契約当時の文書と2017年中に国会議員らに開示していた文書（以下「開示文書」）は、起案日、決裁完了日、番号が同じで、ともに決裁印が押されています。「契約当時の文書には学園とのどのようなやり取りをしてきたのかを時系列で書いた部分や、学園の要請にどう対応したかを記述した部分があるが、開示文書ではそれらが項目ごとなくなったり、一部消えたりしている」。「また、契約当時の文書では、学園との取引について『特例的な内容となる』『本件の特殊性』と表現。財務省は国会で学園との事前の価格交渉を否定し続けているが、『学園の提案に応じて鑑定評価を行い』『価格提示を行う』との記載もあった。開示された文書では、これらの文言もなくなっている」。財務省の中村稔・理財局総務課長が、3月1日に「我々が決裁文書として持っているものは、情報開示請求などに出しているものだけだ」と答えたとのコメントも掲載されています。

しかし、3月14日付朝日新聞朝刊の記事の見立ては、以下のとおりです。

「『今後の開示請求に備えたほうがいい』

２０１７年2月下旬。財務省本省の理財局から、近畿財務局に連絡があった。理財局は森友学園への国有地の貸し付けをめぐる『特例承認』の決裁文書の書き換えを指示した。削除すべきだとされた部分のなかには、政治家や、安倍晋三首相の妻の昭恵氏の名が複数箇所に記載されていた。

朝日新聞が学園側への不透明な国有地売却を報じたのが同月9日。国会で野党の追及が始まった。安倍首相は関与を否定し、同月17日、『私や妻が関係していたということになれば、首相も国会議員も辞める』と言い切った。

佐川宣寿理財局長（当時）は同月24日、国会で『不当な働きかけは一切なかった』とし、学園との交渉記録は『速やかに廃棄した』と答弁した。同じ日の記者会見で、記録の廃棄を疑問視する質問に、菅義偉官房長官はこう返した。『決裁文書に、（交渉の経緯の）ほとんどの部分は書かれているんじゃないでしょうか』

国会での佐川氏の強気の発言とは裏腹に、理財局内は混乱していた。菅長官の言うとおり、決裁文書に多くのことが書かれていたからだ。」

朝日新聞のこの記事(2)からは、菅義偉官房長官は２０１７年2月24日までに、改ざん前の貸付決議書と売払決議書の記載内容を前提として答弁していたのではないかと推論されます。佐川理財局長と官房長官の間には、決裁文書の記載内容を知ったものとして、財務省の政務三役（大臣、副大臣、政務官）や事務次官などが考えられます。しかし、従前の佐川氏の発言からは、売払決議書の２０１６年6月14日決裁完了から、２０１７年2月24日までに、森友学園への国有財産の売却にかかる交渉記録は、保存期間1年未満の非重要文書と曲解して組織的に廃棄されたということがうかがわれます。

財務省は、売買契約締結の交渉記録については、財務省行政文書管理規則細則6条2項に基づいて廃棄したという説明資料をもって、２０１７年2月24日以降、与野党の国会議員に説明に回っているのですから、交渉記録の廃棄と決議文書の改ざんによって、財務省は組織ぐるみで交渉記録を公文書管理法4条の趣旨に違反して廃棄したということになり、これと合わせて解釈すれば、それに代わりうる売払決議書の改ざんは理財局単独で行われたものとは到底解することはできないこととなります。もっとも、前記6月4日調査報告書によれば、「平成29年2月27日（月）、国有財産企画課及び国有財産審理室から理財局長に対して、まずは『文書3

〈売払決議〉』の内容を報告した。この際、理財局長は、このままでは外には出せないと反応したことから、配下の職員の間では、記載を見直すことになるとの認識が改めて共有された」と記載されています[3]（傍点――引用者）。

また、特例承認決裁文書（平成27年2月4日）は近畿財務局作成であり、同文書（平成27年4月30日）は本省理財局作成です。いずれも、その決議印のある決議文書の次に綴られている調書中の1事案の概要の2つ目の「※これまでの経緯については、別紙1のとおり。」の記載に基づく別紙1の「これまでの経緯」中のH26・4・28欄中に「なお、打合せの際、『本年4月25日、安倍昭恵総理夫人を現地に案内し、夫人からは『いい土地ですから、前に進めてください』とのお言葉をいただいた」との発言あり（森友学園籠池理事長と夫人が現地の前で並んで写っている写真を掲示）」との記載があったが、改ざん後は、この部分が削除されています。これらの事実経緯をみれば、安倍昭恵総理夫人にかかわる記載はすべて削除するという忖度が少なくとも財務省内において少なからず働いたものと解されます。

朝日のスクープを後追いした新聞各紙の中でも、保守王国にある福井新聞2018年3月31日の「越山若水」は「天子に戯言なし」との故事成句を引用して以下のとおり論じていますが、興味深いところです。

「▼『私や妻が関係していたということになれば、総理大臣も国会議員も辞める』。森友学園の国有地売却問題で、安倍晋三首相が言い放った啖呵を切るような答弁も見逃せない▼財務省による決裁文書改ざんは、くしくも首相が明言した後から行われていた。ただ当時の佐川宣寿理財局長は証人喚問でその影響はないと否定した▼『改ざんはひとえに私の責任』と殊勝だが、首相の不用意答弁が『忖度』の引き金になった可能性は消えない。一切の経緯は『刑事訴追の恐れがある』と証言拒否。真相は闇のまま幕引きを図るのは禁物である。」

5　公文書管理法のさらなる改正へ

２０１７年の1年未満保存文書の廃棄などに対する対策という、足かけ1年の課題について論じます。

公文書管理委員会においては、２０１７年12月に改正された行政文書管理ガイドラインに基づく各府省庁の行政文書管理規則の改正について諮問を受け、２０１８年3月26日にこれを承認し、提言しました。各府省庁によっては、同規則をさらに具体化した行政文書管理規則細則が作成されます。どの府省庁が行政文書管理規則細則を作成し、その内容はどのようなものか。たとえば、２０１７年、同細則によって、森友学園への国有地売却交渉記録は1年未満の保存文書としてすべて廃棄した財務省では、同細則の改正はどのようなものであるかなどです。これらを国民として監視する必要があります。

今般の財務省における森友学園への国有地売却にかかる決裁文書について、決裁文書は、調書部分が書き換えられていますが、これは、文書作成が電子データの上書き処理によってなされていることによります。紙媒体による決裁文書とは別に、電子メールも含む電子データそのものの保存が必要です。電子データ保存については、公文書管理法制定時からの課題ですが、電子メールの自動廃棄は止めるべきです。公文書管理委員会では、公文書管理法制定5年後の見直しということで、2016年度の見直し課題としていたのですが。

また、紙媒体の決裁手続きを残すとしても、これに、電子決裁を連動させて、決裁の終了後には、電子データの決裁部分については書換え変更できないシステムを入れないといけません。

PKO南スーダンの日報の送信データや、内閣法制局における集団的自衛権行使容認の閣議決定についての国会想定問答資料の公文書の解釈の誤りは、この領域の問題でもあります。

厚生労働省における裁量労働制にかかる調査資料は、当初廃棄されたとし、その後、倉庫から発見されたということでしたが、各府省庁における紙媒体の文書の保管状況は、公文書管理法が制定されてから整備が進んだのか疑わしいです。また、内閣府公文書管理課においては、中間書庫を設けて、そこに各府省庁の公文書を一時保管するということでしたが、中間書庫は活用されませんでした。中間書庫が活用されないのであれば、各府省庁の書庫について、公文書管理委員会が集中管理（公文書管理法6条2項）の状況を確認する方策が、少なくとも必要です。

今般の森友決裁文書の改ざんにおいては、政治家との交渉記録、口きき記録が削除されました。本来、行政手続の透明化のために、交渉や口ききの記録は残すという原則でしたが、行政手続に影響がない場合には、残さなくてもよいという運用が広まっています。行政手続の透明化のためには原則にたちかえって口きき記録は残すという法文化を形成しない限り、森友問題のような案件はくり返されます。

しかし、より根本的課題として、公文書管理庁の設置など、公文書管理担当機関の権限の強化が必要です。

歴史資料としての重要な公文書等の適切な保存・利用等のための研究会では、２００３年12月に「諸外国における公文書等の管理・保存・利用等に係る実態調査報告書」において、「国立公文書館の体制について、職員数を比較すると、我が国の42人に対し、韓国約１３０人、中国約５６０人、アメリカ約２５００人、カナダ約６６０人」、「日本とは桁違いの職員規模であるとともに、公文書館制度の中核というべき専門職員の位置付けが明確になっている」と指摘していました。公文書管理法制定後においても、その状況に変わりはありません。教育研修の不十分。これらの点において、新たな公文書館が建設されるにあたり、十分の手当がなされるべきです。

２００３年当時は、アメリカのＮＡＲＡ（National Archives and Records Administration）

に相当する公文書管理庁も構想されていました。公文書管理の在り方等に関する有識者会議最終報告「時を貫く記録としての公文書管理の在り方」においても、「公文書管理機関の機能を強化すること」を提言していましたが、現状は、20数名の内閣府公文書管理課にとどまっています。法9条2項の公文書の廃棄についても、内閣総理大臣の同意は、事実上は、文書ファイルの表記から、保存が必要かを見るにとどまり、文書の中身の審査はなされていません。

退職公務員を含む数百名にアーキビスト研修とレコードマネージメント研修を受けてもらい、公文書管理庁規模の公文書管理機関の強化はできないか。これが喫緊の最重要課題です。このことは、公文書管理法制定時から、残された課題とされていました。政府は、公文書管理機関の強化として、特定秘密を管理する独立公文書管理監の権限強化をもって対応しようとしていますが、これで公文書改ざんや違法廃棄をすべて監視できるでしょうか。

さらに、佐川宣寿理財局長（当時）の刑事訴追の可否如何では、公文書管理法に、公文書偽造罪（刑法155条）や虚偽公文書作成罪（同156条）に至らない、決裁供覧後の改ざんや書き換えを処罰する罰則規定や懲役処分基準を設けることも必要となるでしょう。

公文書管理法の改正に至らないことから、「膿を出し切る」（安倍首相）ことができず、表皮だけを整えることで、内部がさらに化膿しないか心配です。

6　簡素な記録しか残らないならば、さらなる情報公開法の改正を

5で述べたとおり、政府は、森友問題に関する財務省の改ざんなど、公文書を巡る一連の不祥事を踏まえて、与野党の対決に至りかねない公文書管理法の改正には及ばない、微温な改善策をもって、乗り切る方針です。

①管理体制強化棒棒内閣府に全府省庁を監視する独立ポストを新設、各府省庁にも文書管理の専門部署を新設

②懲罰規定――人事院の「懲戒処分の指針」に不適切行為への処分を明記、公文書管理法への罰則規定導入は見送り

③改ざん防止――電子決裁システムへの移行を促進

しかし、公文書管理法の改正に至らないことから、「膿を出し切る」（安倍首相）ことができず、表皮だけを整えることで内部がさらに化膿しないか心配な点があります。２０１７年12月の行政文書管理ガイドラインの改正の際に、会議録や打合せ記録について、口裏合わせの簡素な記録しかないのか批判された点です。

ガイドライン改正を受けた財務省行政文書管理規則12条でも、「文書の正確性を確保するため……複数の職員による確認」（1項）と「財務省の外部の者との打合せ等の記録……相手方

による確認等」（2項）が求められていますが、このようなガイドラインと府省庁の規則の改正では、口裏を合わせたスカスカの空疎な記録しか残らないとする批判でした。

この批判に対しては、公務員は詳細な記録を残し自己保全を図るという習性があるから、空疎な記録しか残らないということはありえないだろうなどと、いわば性善説に立って、改正されたガイドラインと行政文書管理規則の運用をしばらく検証しようと考えていたところです。

ところが、森友問題のうち、財務省理財局が２０１７年2月から4月にかけて、上記交渉記録の廃棄と並行して、上記国有地の貸付決裁書と売払決裁書とこれに関連する決裁文書を15件に及んで、取引経緯を中心に政治家や総理夫人にかかる記録などを削除する改ざんという事態がおきたのです。詳細な記録は、個人メモとして残し、スカスカの記録しか公文書として残さないということでした。

この点、情報公開法2条2項は、「行政文書」とは、行政機関の職員が職務上作成し、又は取得した文書、図画及び電磁的記録（電子的方式、磁気的方式その他人の知覚によっては認識することができない方式で作られた記録をいう。以下同じ。）であって、当該行政機関の職員が組織的に用いるものとして、当該行政機関が保有しているものをいう」と定めています。このうち、「組織的に用いる」の意義は、第1章7でのべたとおりですが、「作成段階では個人メモとしてつくられたものであっても、その後、業務上の必要性の観点から組織共用文書として保有される状態になっていれば、行政文書」であること（第１４２回国会衆議院内閣委員会・

会議録11号（平10・6・4）30頁）が、正しく運用されるべきです。そうでなければ、同法2条2項をも改正して、「組織的に用いる」の要件を削除し、広く「当該行政機関が保有しているもの」を「行政文書」とすべきです。

これ以外に、情報公開法を改正すべき点は、すでに第3章1で述べたとおりです。とりわけ、法律の目的において、「国民の知る権利」の保障の観点を明記することで、不開示情報をできる限り限定的に解釈する原理を明確にすることが求められます。

また、裁判所で、裁判官が、不開示情報の行政文書を直接見分して、開示不開示の判断を行う、インカメラ審理手続きを導入することが、情報公開法5条の不開示情報の正しい解釈をするためには必要不可欠です（前掲110、125、174頁）。私も、公文書管理法における特定歴史公文書等不服審査分科会において、インカメラ審理を経験しました。特定歴史公文書等の利用拒否（不開示）を行った原処分庁に対して、ヒアリングの際に、特定歴史公文書等を示しながら、なぜその部分が利用拒否なのかを細かく審尋していくことで、利用拒否の原処分を撤回する再決定を行うということが頻繁にありました（前掲165頁参照）。同様の手続きを裁判所においても行うべきなのです。前掲最判2009（平成21）年1月15日（110頁）の泉徳治裁判官と宮川光治裁判官の意見に、政府は答えていません。

このインカメラ審理は、個人情報保護法改正に基づく、本人情報開示請求訴訟においても、必要な手続きです。この点は、松井茂記教授によって、政府に対する秘密の開示を求める訴訟のうちの、個人情報保護法・条例に基づく個人情報の開示を求める訴訟や、私人による他人の秘密の不正な取得・利用・開示のうちの、秘密の開示を求める訴訟として、つとに提言されています。(4) 行政機関個人情報保護法に基づく本人情報開示請求権を行使して、政府による監視の実態を解明していくときにも（前掲193頁）、必要な制度なのです。

今ある制度を十分に行使して、不足は立法による制度化を求めることで、監視社会化に抗する情報公開・個人情報保護制度をより良いものにしていくことが求められています。野党が国会に提案中の「行政機関の保有する情報の公開に関する法律案の一部を改正する法律案」は、対立軸を明確にするうえでも、提案し続けていただくことが肝要です。

7 刑事訴訟記録の保存、利用からグローバル・ジャーナリズム支援

第1章13で述べたとおり、日弁連人権大会シンポジウムにおいて、澤康臣・共同通信社記者から、パナマ文書等の調査をふまえてのグローバル・ジャーナリズムの観点からの調査報道について、お話を受けました。これまで、メディアスクラム（集団的過熱取材）の弊害や、メディアによる名誉毀損などが、強調されたきらいがありました。しかし、情報公開制度なども使いこなす調査報道において、報道の真実性を審査するための、ジャーナリストに対する弁護士の支援なども今後の課題です。

また、澤氏は、「現在の情報公開法をより強化することや、個人情報の会場な保護を見直すこと、裁判の公開を真に実現する訴訟記録の公開を徹底することなど」を提案しています。(5)

私も、「日本全国(の検察庁)に保存されている刑事参考記録……については、目録を作成・公表して明らかにするとともに、これらをすべてマイクロフィルム化し、記録原本は検察庁に保管したままであるとしても、そのマイクロフィルムは国立公文書館に移管し、検察官や法務大臣との協議の上で、特定歴史公文書等としてその利用請求の可否を検討することができるようにすべきである」と提案しています。(6) オウム事件の記録をすべて保存、管理、利用できるか、喫緊の課題であることは、ジャーナリストの江川紹子氏が、提案しているところでもあります。

注

(1) いずれも『朝日新聞』2018年3月28日朝刊。
(2)『朝日新聞』2018年3月14日朝刊(14版)。
(3) 平成30年6月4日財務省「森友学園案件に係る決裁文書の改ざん等に関する調査報告書」26頁。
(4) 松井茂記『裁判を受ける権利』日本評論社、1993年、267頁。
(5) 澤康臣『グローバル・ジャーナリズム――国際スクープの舞台裏』岩波書店、2017年、241頁。
(6) 右崎正博・多賀谷一照・田島泰彦・三宅弘『新基本法コンメンタール情報公開法・個人情報保護法・公文書管理法――情報関連7法』日本評論社、2013年、466頁。

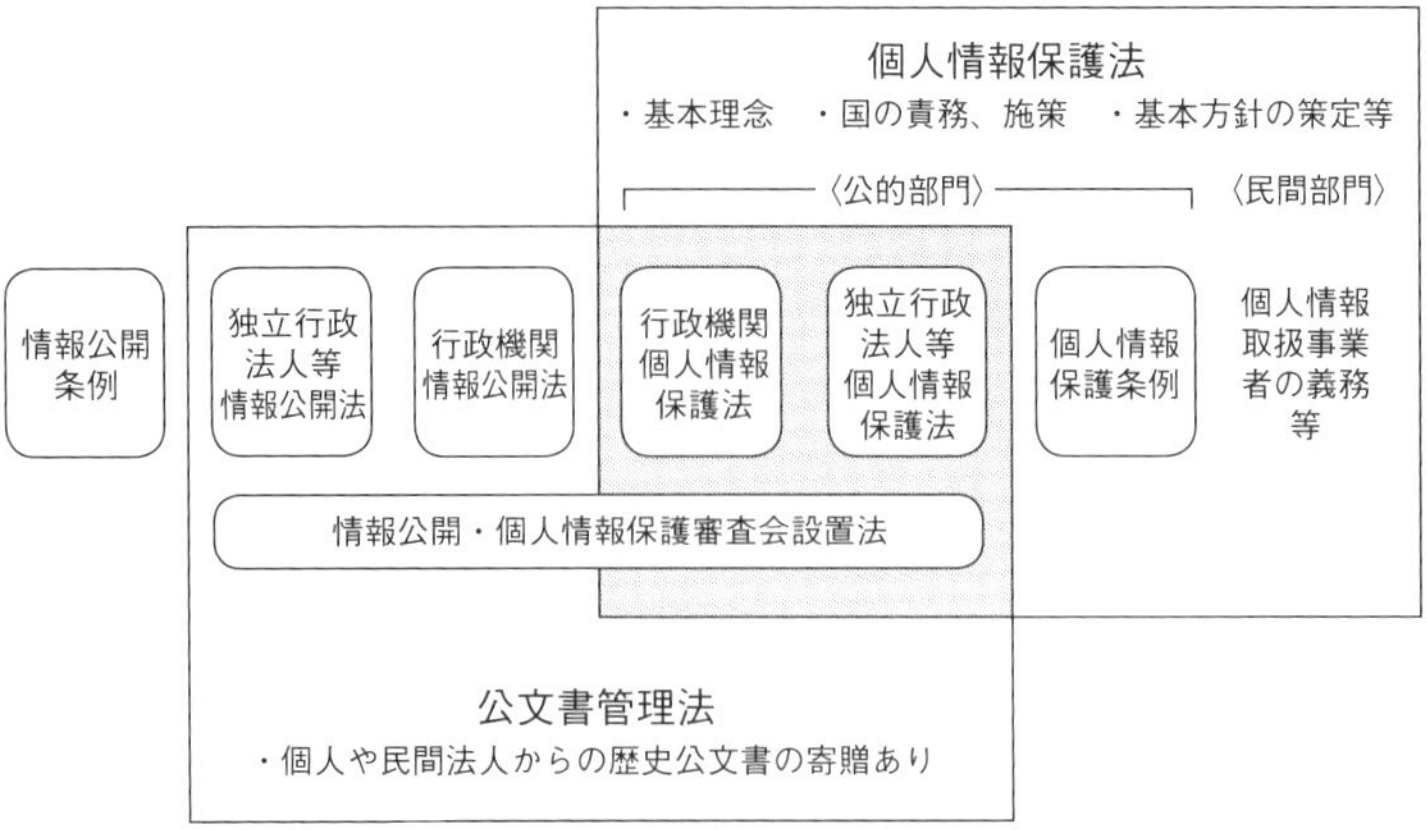
個人情報保護法
・基本理念　・国の責務、施策　・基本方針の策定等
〈公的部門〉
〈民間部門〉
情報公開条例
独立行政法人等情報公開法
行政機関情報公開法
行政機関個人情報保護法
独立行政法人等個人情報保護法
個人情報保護条例
個人情報取扱事業者の義務等
情報公開・個人情報保護審査会設置法
公文書管理法
・個人や民間法人からの歴史公文書の寄贈あり

図１　情報公開法制・個人情報保護法制の体系イメージ

（著者作成）

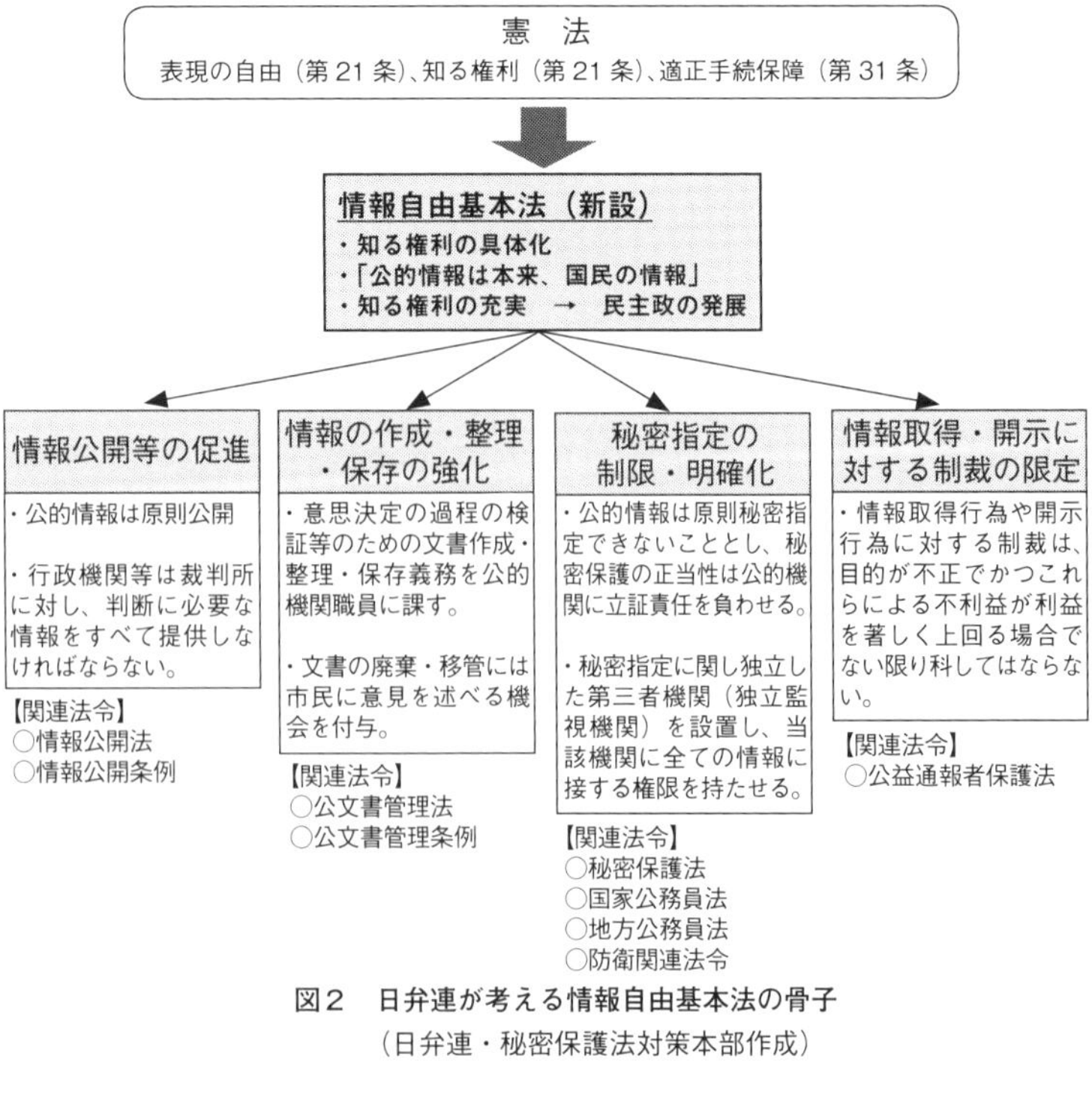
憲　法
表現の自由（第 21 条）、知る権利（第 21 条）、適正手続保障（第 31 条）
情報自由基本法（新設）
・知る権利の具体化
・「公的情報は本来、国民の情報」
・知る権利の充実　→　民主政の発展
情報公開等の促進
・公的情報は原則公開
・行政機関等は裁判所に対し、判断に必要な情報をすべて提供しなければならない。
【関連法令】
○情報公開法
○情報公開条例
情報の作成・整理・保存の強化
・意思決定の過程の検証等のための文書作成・整理・保存義務を公的機関職員に課す。
・文書の廃棄・移管には市民に意見を述べる機会を付与。
【関連法令】
○公文書管理法
○公文書管理条例
秘密指定の制限・明確化
・公的情報は原則秘密指定できないこととし、秘密保護の正当性は公的機関に立証責任を負わせる。
・秘密指定に関し独立した第三者機関（独立監視機関）を設置し、当該機関に全ての情報に接する権限を持たせる。
【関連法令】
○秘密保護法
○国家公務員法
○地方公務員法
○防衛関連法令
情報取得・開示に対する制裁の限定
・情報取得行為や開示行為に対する制裁は、目的が不正でかつこれらによる不利益が利益を著しく上回る場合でない限り科してはならない。
【関連法令】
○公益通報者保護法

図２　日弁連が考える情報自由基本法の骨子

（日弁連・秘密保護法対策本部作成）

あとがき

本書は、監視社会と公文書管理を軸として、日本の情報法制にかかわった37年をふり返り、喫緊の課題を広く提案したものです。ここでは、さらに大学生の時にたち返り、その流れを述べます。

大学は法学部でも政治学を専攻し、ゼミでは「大飯原子力発電所の設置にかかわる町長選挙とアンケート調査における大飯町民の意識の変化」を数量政治学で分析しました。郷里である福井小浜は、敦賀、美浜、大飯、高浜という原発銀座の中にありました。調査から、若狭湾の半島の先端から関西に送電される塔の根元に地役権が設定されていることを知り、法律を問題分析の道具として使いこなし、解決にあたる気配を感じました。その頃、大学闘争後に授業を再開した折原浩助教授（当時）のゼミを紹介してくれた友人などのゼミ（清水節・前知財高裁所長、佐藤順哉・元司法研修所教官、山岸良太・第二東京弁護士会元会長、藤本利明・栃木県弁護士会元副会長ら）に入り込み、後追いで解釈法学に取り組みました。受験予備校のない時代に、塚原英治弁護士・青山学院大学教授ら合格者のノートのコピーをいただき、ゼミでは、これを理解すれば合格できると信じて、司法試験につき進みました。14年前に獨協大学法科大学院で、法学未修者を教育することとなった時に、政治学から転じて、なじみにくい解釈法学に取り組んだ経験が、法曹実務教育への共感となりました（拙著『法科大学院――実務教育と債権法改正・情報法制の研究』花伝社、2016年、共著『東大闘争と原発事故――廃墟からの問い』緑風出版、2013年参照）。

法曹資格を得た後は、原発銀座・郷里の問題に取り組むため、原子力情報の公開のために情報公開法の制定と知る権利の確立を求めました。原後山治、近藤卓史両弁護士が日弁連法廷委員会から支える体制で、ローレンス・レペタ米国弁護士が提起した「法廷でメモを採る権利」の裁判に秋山幹男、鈴木五十三、喜田村洋一、山岸和彦ら自由人権協会の各氏の一員として、レペタ事件最高裁判決を得て、「情報公開法を求める市民運動」の事務局員として、1999年の情報公開法制定まで進みました。「市民運動」の設立時の世話人の、奥平康弘・東京大学教授、篠原一・東京大学教授、清水英夫・青山学院大学教授、西田公一・自由人権協会代表理事、高田ユリ・主婦連合会会長、竹内直一・日本消費者連盟代表委員、野村かつ子・海外市民活動情報センター代表理事、松岡英夫・評論家らは、今では、鬼籍に入られました。

2001年の情報公開法施行後、各府省庁は不開示にできる法の運用に傾き、全面開示される国立公文書館へ公文書を移管しなくなりました。そこで、2003年小泉政権の福田康夫官房長官主宰の「公文書の適切な管理、保存及び利用に関する懇談会」委員に指名されて、国立公文書館有識者会議（座長石原信雄・元官房副長官）」にも参加し、公文書管理法の制定に取り組むこととなりました。

２００９年公文書管理法制定により２０１１年から公文書管理委員会委員・特定歴史公文書等不服審査分科会会長となり、法の運用にもかかわっています。このため、それまで継続してきた問題提起型の情報公開訴訟の原告代理人は辞めました。情報公開条例にかかる問題提起をする訴訟を手がけながら、よりよい情報公開法の制定を求めてきたのですが、特定歴史公文書等の利用拒否処分に対する不服審査を判断する立場と相容れないものとなったからです（それまでの経緯については、拙著『原子力情報の公開と司法国家——情報公開法改正の課題と展望』日本評論社、２０１４年）。

２０１７年３月、森友学園への国有地売却にかかる交渉記録の廃棄が問題となり、世の中に公文書管理法の存在が知られるようになりました。２０１８年３月、同国有地売却にかかる売払決裁書等の改ざんが朝日新聞にスクープされ、電子データの保有管理等についての改革も求められています。

多くの方々との出会いを大切にして、日本の情報公開と公文書管理制度の確立に働いてきましたが、道半端。情報自由基本法の制定、情報公開法と公文書管理法の改正も視野に入れて、あと少し、がんばってみようと思っています。

この過程において、情報公開とプライバシーの調整の問題にも立ち入り、１９９９年に内閣府・高度情報通信社会推進本部個人情報保護検討部会の委員にも指名されて、個人情報保護法制の制定運用にも深くかかわることになりました。インターネットの急速な発展によりプライバシーや個人情報の侵害の危険が高まりました。その衝撃的事件が、いわゆるスノーデン・ショックです。これを機に、個人のプライバシーの保護は、個人の尊厳の確保というにとどまらず、民主政治の発展のための表現の自由を委縮させないためにも必要であることが広く認識されるようになりました。

２０１７年10月の日弁連第60回人権擁護大会シンポジウム第2分科会「情報は誰のもの？～監視社会と情報公開を考える～」では、この監視社会と情報公開を問題提起し、さらに大会決議として「個人が尊重される民主主義社会の実現のため、プライバシー権及び知る権利の保障の充実と情報公開の促進を求める決議」が採択されました（https://www.nichibenren.or.jp/library/ja/civil_liberties/data/2017_1006_02.pdf）。

本書は、このシンポジウムと大会決議をふまえて、さらに、これまで情報公開法、公文書管理法、さらには個人情報保護法の立法と運用にかかわってきた者として、その運用改善と立法提言を行ない、さらには、周辺法領域の改革についても論及することにより、広く日本の情報法制のあり方を市民やジャーナリストに語る内容としました。

市民やジャーナリストが、本書を参考に、情報公開法の情報公開請求や個人情報保護法の本人情報開示請求・訂正請求・利用停止等請求を使いこなし、また公文書管理法に基づく公文書の適切な保存、管理及び利用を求めていくことにより、「無責任の体系」（丸山眞男）を乗り越えて、日本の戦後の民主主義が実像として一歩ずつ発展していくことを願ってやみません。

本書は現在京都大学大学院法学研究科法政理論専攻博士後期課程において、曽我部真裕教授の指導の下に研究中の「日本の情報法制における知る権利の形成・展開と課題」を取りまとめる過程で、さらにその周辺領域の研究ノートとして整理中、特に森友問題の展開に、戦後の民主主義の危機を感じ、海渡雄一『共謀罪は廃止できる』（緑風出版、２０１７年）に啓発されて、中間報告として緊急出版したものです。

前著『法科大学院』と同様、故笹山ナオミ情報公開奨励基金からの助成を受けました。故人の希望どおり日本の市民運動が諸外国のそれと同様、固定経費を必要としない活動の拠点となる不動産の購入まで寄付や遺贈を募っています（寄付や遺贈を伴う遺言書作成については、miyake@hap-law.com へご連絡ください）。

また、この出版をお受けいただいた花伝社の平田勝社長、大澤茉実、佐藤恭介両担当にも御礼申し上げます。同社においては、長年、情報公開立法運動にご支援いただき、拙著『情報公開ガイドブック』（１９９５年）や『情報公開法の手引き――逐条分析と立法過程』（１９９９

年）を公刊していただきました。今後も、本書を含め、情報法制にかかる数多くの出版を手掛けていただけるよう期待します。

最後に、本書をこの３月12日に遷化された福井小浜・福應山佛國寺原田湛玄老師（大拙湛玄老師）に捧げます。はじめにでは、実務法曹を目指した頃のことを述べましたが、当時、老師から剣と禅を究めた山岡鉄舟居士を紹介され、法律と禅を究めることの指導を受けてきました（拙著『弁護士としての来し方とこれから福井でしたいこと――原田湛玄老師と折原浩教授からの〝学び〟をふまえて』シングルカット社、２０１３年・15・52頁）。折原浩教授からは、「日本人の心の歴史」（魚住孝至「道を極める――日本人の心の歴史」（放送大学教育振興会、２０１６年）参照）の中に位置付けよとも言われているところです（前著『法科大学院』２４８頁）。両方を究めるのは、まだはるかではありますが、大衆（だいしゅ）に禅をわかりやすく指導されたことを受けて、本書では、最先端の情報法制の現状と課題を少しはわかりやすく市民に説明できたのではないかと思います。

二〇一八（平成三〇）年七月

三宅弘

三宅弘（みやけ・ひろし）
弁護士・獨協大学特任教授（2017年～）・関東弁護士会連合会理事長（2018年度）。1953年福井県小浜市生まれ。1978年東京大学法学部卒業。1983年弁護士登録（第二東京弁護士会）。1993年筑波大学修士課程経営・政策科学研究科修了（修士（法学））。愛媛大学法文学部非常勤講師、獨協大学法科大学院特任教授（2004年～2017年）、情報公開法を求める市民運動運営委員、米国アーカンソー大学客員研究員、ＢＰＯ放送人権委員会委員（2006年4月～2015年3月。2012年4月～2015年3月、委員長）、日本弁護士連合会情報問題対策委員会委員長、内閣府・高度情報通信社会推進本部個人情報保護検討部会委員、総務省・行政機関等個人情報保護法制研究会委員、内閣府・国民生活審議会委員、内閣府・公文書等の適切な管理、保存及び利用に関する懇談会委員、独立行政法人国立公文書館有識者会議委員、内閣府・消費者委員会個人情報保護専門調査会委員、情報公開クリアリングハウス理事、公益社団法人自由人権協会代表理事、内閣府・行政透明化検討チーム座長代理、内閣府・消費者委員会個人情報保護専門調査会委員、日本弁護士連合会副会長、第二東京弁護士会会長、日弁連第60回人権擁護大会シンポジウム第2分科会「情報は誰のもの？～監視社会と情報公開を考える～」実行委員会委員長、日弁連秘密保護法・共謀罪法対策本部本部長代行、内閣府・公文書管理委員会委員長代理・特定歴史公文書等不服審査分科会会長などを歴任。

共著に『情報公開』（学陽書房）、『ＭＥＭＯがとれない――最高裁に挑んだ男たち』（有斐閣）、『情報公開法――立法の論点と知る権利』（三省堂）、『情報公開制度　運用と実務』（新日本法規出版）、『情報公開法解説　第2版』（三省堂）、『個人情報保護法　逐条分析と展望』（青林書院）、『個人情報保護　管理・運用の実務』（新日本法規出版）、『Q＆A個人情報保護法　第2版』（三省堂）、『情報公開を進めるための公文書管理法解説』（日本評論社）、『新基本法コンメンタール　情報公開法・個人情報保護法・公文書管理法――情報関連7法』（日本評論社）、『逐条解説　特定秘密保護法』（日本評論社）、『ＢＰＯと放送の自由』（日本評論社）、『個人情報保護法の法律相談』（青林書院）など（あとがき引用書を除く）。論文として、“How the Freedom of Information Act Became Law in Japan”

カバーイラスト
Jeremy Bentham vol. Ⅳ 172-3 Plan of the Panoptican/Adapted.

監視社会と公文書管理——森友問題とスノーデン・ショックを超えて

2018年8月20日　初版第1刷発行

著者 ——三宅　弘
発行者 —平田　勝
発行 ——花伝社
発売 ——共栄書房
〒101-0065　東京都千代田区西神田2-5-11出版輸送ビル2F
電話　03-3263-3813
FAX　03-3239-8272
E-mail　info@kadensha.net
URL　http://www.kadensha.net
振替 ——00140-6-59661
装幀 ——黒瀬章夫（ナカグログラフ）
印刷・製本— 中央精版印刷株式会社

©2018　三宅弘
本書の内容の一部あるいは全部を無断で複写複製（コピー）することは法律で認められた場合を除き、著作者および出版社の権利の侵害となりますので、その場合にはあらかじめ小社あて許諾を求めてください

ISBN978-4-7634-0864-8 C0036

社会を変えた情報公開

――ドキュメント・市民オンブズマン

杉本裕明 著

（本体価格 1800 円＋税）

●隠された情報を暴け！

原発放射能汚染、いじめ自殺事件、産業廃棄物の不法投棄、カラ出張と談合、特定秘密保護法との闘い……。数々の隠された情報を暴き出し、社会を大きく動かしてきた市民オンブズマンと市民たち。誰にでもできる情報公開の力を紹介し、成果をまとめた迫真のドキュメント！